Die Zisterzienser in Bebenhausen

Die Zisterzienser in Bebenhausen

Mit Beiträgen von
Rüdiger Becksmann
Barbara Scholkmann und Jochem Pfrommer
Marc Carel Schurr
Ursula Schwitalla
Wilfried Setzler

Herausgegeben von
Ursula Schwitalla und Wilfried Setzler
in Zusammenarbeit mit Christopher Blum

Begleitbuch zur
Ausstellung „ora & labora" im Kloster Bebenhausen
18. Juli bis 11. Oktober 1998

Wissenschaftlicher Beirat

Dr. Stephan Albrecht, Universität Tübingen
Prof. Dr. Rüdiger Becksmann, CVMA Freiburg
Dr. Felix Heinzer, Württembergische Landesbibliothek Stuttgart
Prof. Dr. Volker Himmelein, Württembergisches Landesmuseum Stuttgart
Prof. Dr. Hubert Krins, Landesdenkmalamt Tübingen
Dr. Peter Rückert, Hauptstaatsarchiv Stuttgart
Prof. Dr. Barbara Scholkmann, Universität Tübingen
Prof. Dr. Wilfried Setzler, Kulturamt der Universitätsstadt Tübingen

Ausstellungskonzeption

Dr. Ursula Schwitalla, Tübingen

Gedruckt mit freundlicher Unterstützung von

STIFTUNG

© 1998
Universitätsstadt Tübingen · Kulturamt
Satz und Layout: Christopher Blum
Umschlaggestaltung: Wolf-Dieter Gericke, Stuttgart
Gesamtherstellung: Karl Weinbrenner & Söhne GmbH & Co.,
Leinfelden-Echterdingen
Printed in Germany
ISBN 3-910090-28-1

Inhalt

Abb. 1.

Statue des heiligen Benedikt.
Holz bemalt, um 1500.
Württembergisches Landesmuseum.

Die Statue des heiligen Benedikt stammt vom ehemaligen Bebenhäuser Pfleghof in Stuttgart. Der
heute vollständig zerstörte Pfleghof nahm im 16.
Jahrhundert den ganzen Häuserblock an der Ecke
„Schmale Straße" und „Neue Brücke" und beider-
seits des oberen Endes der Straße „Bebenhäuser
Hof" ein. Das Entstehungsjahr der Statue ist nicht
bekannt, dürfte aber um das Jahr 1500 liegen. Sie
kam 1864 in das Landesmuseum.

Benedikt wurde um 480 in Nursia geboren. Er war
Abt des von ihm gegründeten Klosters Monte Cas-
sino. Wegen seiner strengen Regeln zum klösterlichen Leben versuchten einige Mönche, ihn zu ver-
giften. Als er jedoch aus dem Giftglas trinken wollte, zersprang dieses. Aufgrund dieser Legende wird
der heilige Benedikt häufig mit einem Glas als Attribut dargestellt.
Auch von den Zisterziensern wurde der heilige Benedikt verehrt, da sich ihre Ordensverfassung, die
im Jahr 1119 entwickelte „Carta Caritatis", in wesentlichen Teilen auf die von ihm aufgestellte Regel bezieht.
(S.K.)

Abb. 2.

Statue des heiligen Bernhard von Clairvaux.
Kalkstein, Ende des 14. Jahrhunderts.
Bar-sur-Aube, Bibliothèque municipale.

*Diese Statue Bernhards von Clairvaux ist eine der
frühesten figürlichen Darstellungen des Zister-
zienserabtes. Bernhard war 1115, nur drei Jahre
nachdem er in das Kloster Cîteaux eingetreten war,
zur Gründung des Klosters Clairvaux ausgesandt
worden.*
*Das Modell einer Kirche, das der heilige Bernhard
in der Hand hält, wurde oft als Modell der Klosterkirche von Clairvaux betrachtet. Es zeigt den ge-
raden Chorabschluß, den Bernhard für die Kirchen*

*der Mönche intendierte und der nach ihm als „Bern-
hardinischer Plan" bezeichnet wurde. Zugleich
stellt das Modell Bernhard als Gründer vieler
Ordenshäuser dar. Zu seinen Lebzeiten entstanden
allein in der Filiation von Clairvaux 68 weitere
Klöster.*
*Die Statue gehörte vermutlich zum Grabmal des
heiligen Bernhard von Clairvaux. Nach der Französischen Revolution war sie nach Bar-sur-Aube
gebracht und dort auf einer Brücke aufgestellt worden. Als die Brücke 1940 gesprengt wurde, fiel die
Statue in den Fluß, konnte aber wieder geborgen
werden. Der rechte Arm der Statue ist seitdem verloren.* (S.K.)

Die Geschichte des Klosters Bebenhausen von den Anfängen bis zur Aufhebung

Wilfried Setzler

Gründung

Wann genau das Kloster Bebenhausen gegründet wurde, ist unbekannt.[1] Die frühen Quellen zur Klostergeschichte vermitteln ein kompliziertes Bild von den Anfängen. Sicher ist, daß dem Kloster eine Siedlung vorherging, die ihre Entstehung wohl einer nahe vorbeiziehenden mittelalterlichen Fernstraße, einem Zweig der von den Alpen kommenden und zum Rhein führenden via Rheni, verdankte. Die Namensendung „hausen" deutet auf eine Ausbausiedlung des 7. oder 8. Jahrhunderts, archäologische Funde belegen eine vorklösterliche Bebauung - 1990 wurden unter anderem zwei repräsentative Steinbauten (Wohnturm, Herrensitz?) ergraben[2] -, zudem wird im Zusammenhang mit der ersten urkundlichen Erwähnung des Klosters eine ältere Pfarrkirche genannt, an der das Speyrer Hochstift Rechte besaß, die im Zusammenhang mit der Klostergründung abgelöst werden mußten. Da in eben dieser am 1. Juni 1187 ausgestellten Urkunde[3] das Kloster als bereits existierend bezeichnet wird und als Gründer wohl nur Pfalzgraf Rudolf von Tübingen[4] (1183-1219) in Frage kommt, dessen Vater 1182 starb, wird der Beginn der Mönchsgemeinschaft, auch gestützt auf spätere Überlieferung, meist auf die Zeit „um 1183/84" datiert.

Der Klostergründer, der zusammen mit seiner Ehefrau Mechthild im Kapitelsaal des Klosters bestattet ist,[5] hat allerdings zunächst Prämonstratenser nach Bebenhausen gerufen, die wohl aus Obermarchtal gekommen sein dürften.[6] Lang blieben diese jedoch nicht. Schon im Herbst 1189 wandte sich Graf Rudolf an den Zisterzienserorden und über-

Abb. 3. Grabplatte mit dem Wappen der Pfalzgrafen von Tübingen im Kapitelsaal des Klosters Bebenhausen.

*Abb. 4. Großes Gründungsprivileg des Pfalzgrafen Rudolf von Tübingen, 1191.
Pergamenturkunde Hauptstaatsarchiv Stuttgart.*

trug diesem seine junge Gründung. Was diesen Ordenswechsel veranlaßt hat, ist unbekannt. „Certa de causa", aus gewissen Gründen, habe er dies getan, heißt es lapidar und die Ursachen eher verschleiernd in einer Urkunde des Grafen.[7] Im September 1190 beschloß das Generalkapitel in Cîteaux auf Bitten des Pfalzgrafen von Tübingen, das Kloster zu übernehmen, und beauftragte den Abt von Schönau mit der Besiedelung („Petitio comitis palatini de construenda abbatia exauditur et abbati de Sconavia ad petitiones comitis illius loci conceditur").[8] Damit ging Bebenhausen nach dem Filiationsprinzip auf das berühmte Kloster Clairvaux zurück, war doch Schönau 1145 von Kloster Eberbach bezogen worden, das als erstes rechtsrheinisches Zisterzienserkloster seinerseits 1131 von Clairvaux aus besiedelt worden war. Seiner neuen Mönchsgemeinschaft gewährte Pfalzgraf Rudolf in einer Urkunde vom 30. Juli 1191[9] die Freiheit von weltlichen Vögten, wie dies die Regel der Zisterzienser forderte („sicut eiusdem ordinis exigit institucio"). Den endgültigen formalen Abschluß fand der Gründungsvorgang mit Urkunden von Kaiser und Papst. 1193 bestätigte Kaiser Heinrich VI. die dem Kloster von seinem Gründer gewährten Rechte, Freiheiten und Besitztümer,[10] 1204 schließlich erteilte Innozenz III. das übliche päpstliche Schutzprivileg,[11] wodurch Bebenhausen, wie die anderen Klöster des Zisterzienserordens, dem römischen Stuhl direkt unterstellt wurde und somit auch exemt, also von jeder Bischofsgewalt befreit war.

10

Abb. 5. Päpstliches Schutzprivileg, 1204. Pergamenturkunde Hauptstaatsarchiv Stuttgart.

Abb. 6. Siegel König Heinrichs VI.

Abb. 7. Siegel Pfalzgraf Rudolfs von Tübingen.

Die Grundausstattung

Pfalzgraf Rudolf von Tübingen gab dem Kloster nicht nur eine solide rechtliche und politische Grundlage und sicherte diese beim Kaiser und Papst ab, er stattete das Kloster bei seiner Gründung auch gut aus: So schenkte er ihm außer dem Weiler Bebenhausen und umfangreichen Nutzungsrechten im Schönbuch weiteren beachtlichen Besitz sowohl in der Nähe (etwa in Altdorf, Derendingen, Walddorf oder Weil im Schönbuch) als auch in weiterer Entfernung (etwa in Aglishardt, Gemeinde Römerstein, bei Urach, Eutingen bei Horb, Hochdorf bei Nagold, Lombach und Vesperweiler im Waldachtal bei Freudenstadt).[12] Zudem erlaubte er jedem in seinem Herrschaftsgebiet - er sei Ministeriale, Kaufmann oder Bauer oder wes Standes und Berufes auch immer -, ins Kloster einzutreten sowie diesem Besitz zu übertragen. Beides, den Eintritt ins Kloster und die Besitzschenkung, gewährten - wohl auf Bitten des Pfalzgrafen - auch die benachbarten Grafen Burkhard von Hohenberg[13] und Egino von Urach[14] sowie Pfalzgraf Heinrich bei Rhein allen ihren Dienst- und Lehensleuten.[15]

Erste Blüte

Wie sehr diese pfalzgräfliche Fürsorge schon im Verlauf eines Jahrzehnts Erfolg hatte, belegt ein um 1200 angelegtes Besitzverzeichnis,[16] in dem 36 Orte namentlich aufgeführt werden, in denen Bebenhausen inzwischen begütert ist (neu genannt werden unter anderem Böblingen, Hirschau und Tübingen. In ihm wird zudem festgehalten, von wem und auf welche Weise das Kloster zu diesem Besitz gekommen ist. Dabei steht immer wieder hinter dem Ort und dem Namen des Vorbesitzers der Vermerk, „quem propter deum gratis obtulit" (etwas frei übersetzt: was er um seines Seelenheils willen geschenkt hat). Auch einige frühe Urkunden belegen solche Schenkungen.[17]

Das Güterverzeichnis von 1200 führt aber auch eine größere Zahl von käuflich erworbenen Gütern auf, was beweist, daß das Kloster nicht nur auf Geschenke angewiesen war, sondern bereits unmittelbar nach seiner Gründung eine aktive Erwerbspolitik betreiben konnte und über genügend Mittel verfügte, Güter auch gezielt zu kaufen. Mehr noch, eine Analyse der Besitzerwerbungen im ersten Jahrhundert nach der Gründung

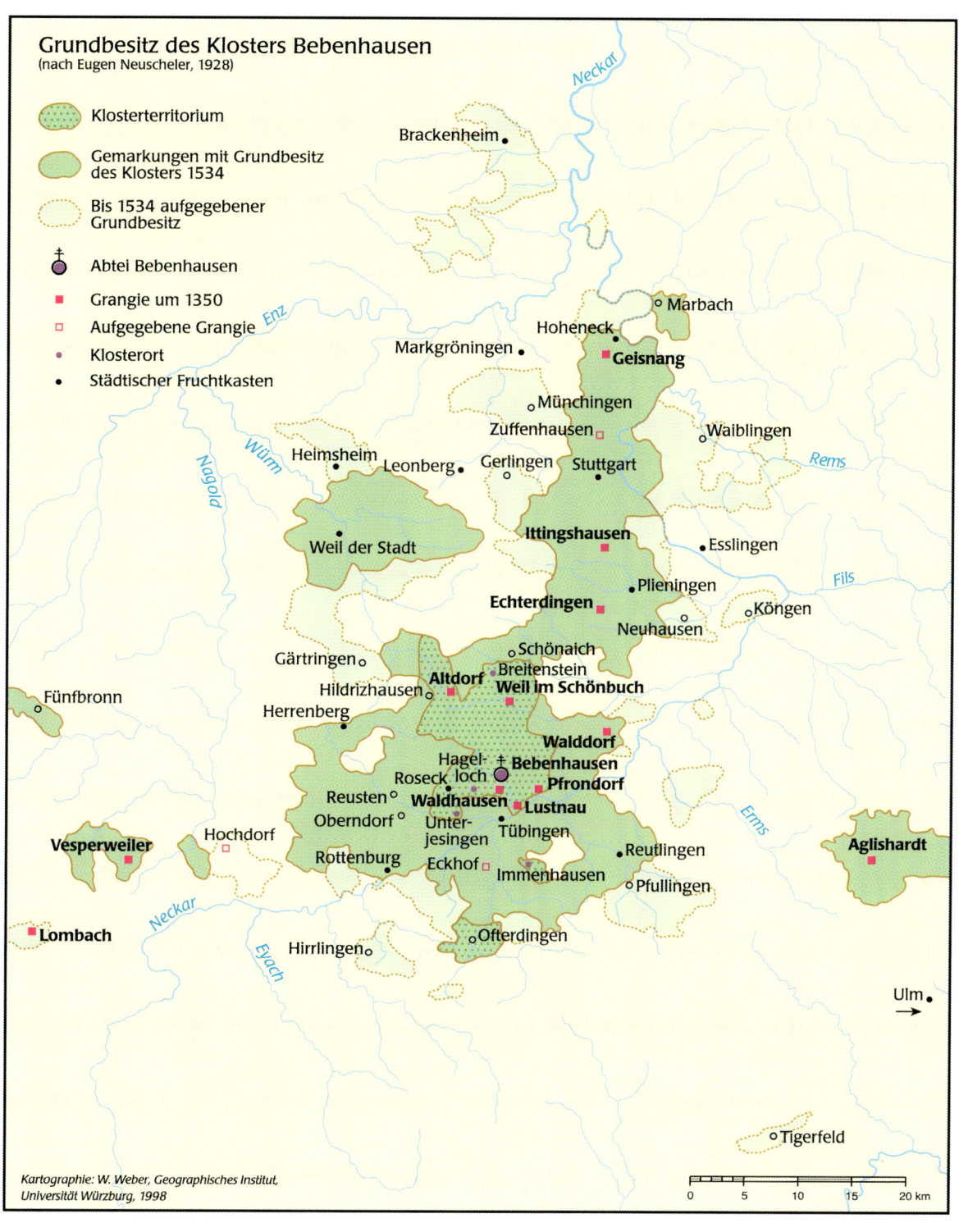

Abb. 8. Besitz des Klosters Bebenhausen.

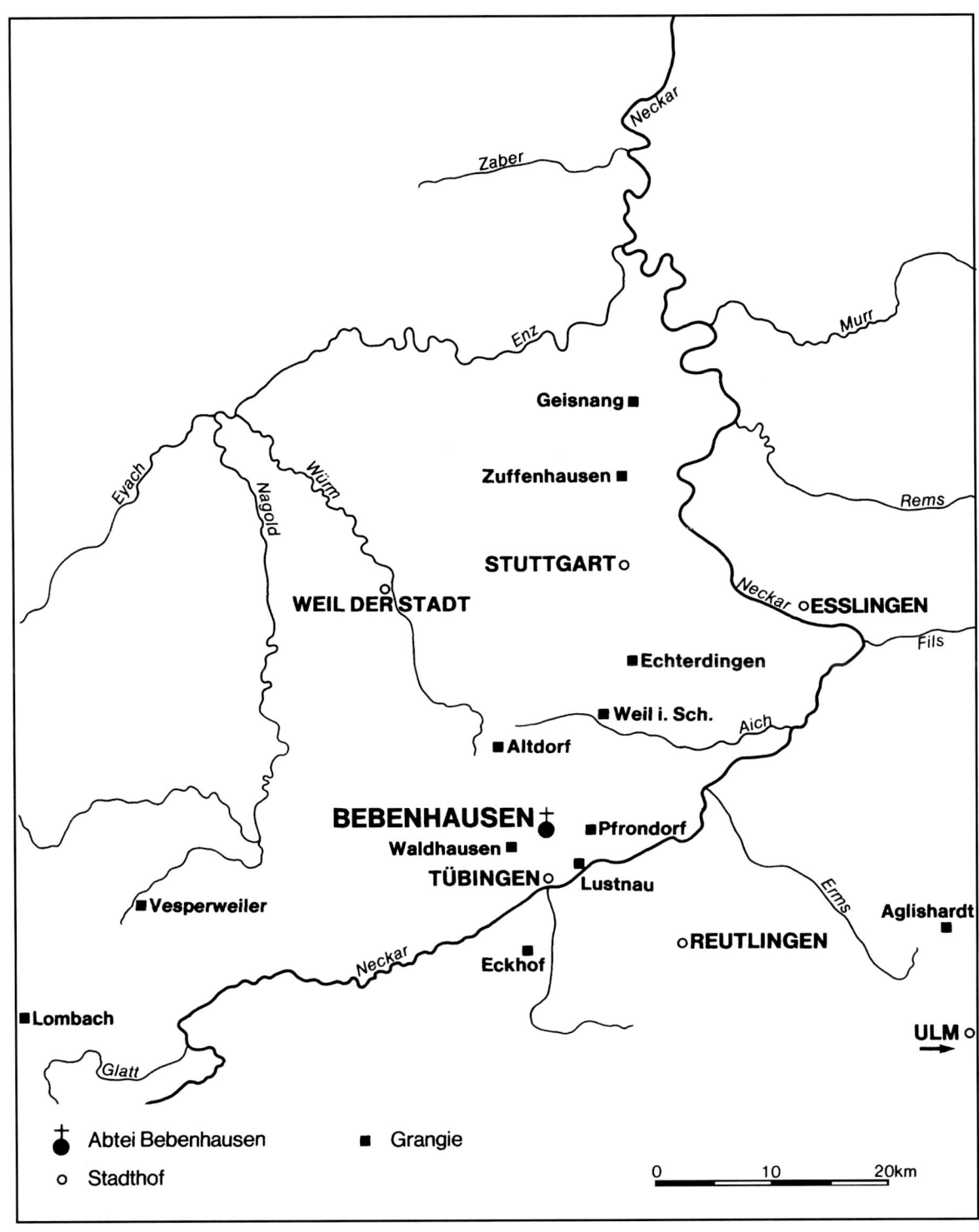

Abb. 9. Das Grangiennetz des Klosters Bebenhausen um 1350 nach Rögener 1995.

14

Abb. 10. Ansicht des Klosters Bebenhausen, Andreas Kieser 1683.

„macht deutlich, daß bei ihnen der Anteil der Käufe höher gewesen ist als derjenige der Schenkungen, so daß daraus geschlossen werden kann, daß dem Kloster schon früh erhebliche Geldmittel zur Verfügung gestanden haben müssen."[18] Und diese Geldmittel hat das Kloster vor allem aus seiner landwirtschaftlichen Produktion, aus der Vermarktung, aus dem Verkauf von Überschüssen erzielt. Der strikt befolgte Grundsatz des Zisterzienserordens, selbst Hand anzulegen und den Grundbesitz selbst zu bewirtschaften, hat hier im wahrsten Sinne Früchte getragen.

Kennzeichen der ersten Phase dieser Besitzvermehrung ist der Aufbau eines Netzes großer selbstbewirtschafteter Hofgüter, sogenannter Grangien (grangium = Kornspeicher), rund um das Kloster und deren Errichtung als Mittelpunkte von Streubesitz in weiterer Ferne. So belegen bereits für 1204 und 1229 zwei Papstprivilegien,[19] daß das Kloster Besitzkonzentrationen vorgenommen und mehrere Grangien, unter anderem in Walddorf, in Weil im Schönbuch und in Altdorf, angelegt hatte. Begünstigt wurde die Entwicklung durch den in der

zweiten Hälfte des 13. Jahrhunderts einsetzenden wirtschaftlichen Niedergang der Pfalzgrafen von Tübingen.

Wirtschaftliche Expansion im Spannungsfeld der Ordensregel

Die wichtigste Grundlage zisterziensischen Handelns bildet die Benediktinerregel,[20] waren doch die Zisterzienser gegen Ende des 11. Jahrhunderts durch eine Abspaltung aus dem Benediktinerorden entstanden. Die alte Regel Benedikts erfuhr bei ihnen jedoch wieder eine radikale Auslegung und Anwendung. Die Handarbeit, die private Besitzlosigkeit, die fruchtbare Armut, der Rückzug aus weltlichen Dingen und die Hinwendung zu den himmlischen Studien - so heißt es im Exordium Cistercii - rückten wieder stärker in den Mittelpunkt des monastischen Lebens.

Dies hatte weitgehende Folgen nicht nur für das Alltagsleben der Mönche, für ihre Kleidung und Nahrung, sondern insbesondere auch für den Erwerb von Grundbesitz und den Umgang mit diesem, zumal die maßgeblichen Statuten, die zur Auslegung der Benediktinerregel dienten, die Carta Caritatis, im 15. Kapitel „Woher die Mönche ihren Lebensunterhalt nehmen" bestimmten: „Die Mönche unseres Ordens müssen von ihrer Hände Arbeit, Ackerbau und Viehzucht leben. Daher dürfen wir zum eigenen Gebrauch besitzen: Gewässer, Wälder, Weinberg, Wiesen, Äcker (abseits von Siedlungen der Weltleute) ... Zur Bewirtschaftung können wir nahe oder ferner beim Kloster Höfe haben, die von Konversen beaufsichtigt und verwaltet werden."[21]

Und im 23. Kapitel heißt es unter der Überschrift „Welche Einkünfte wir nicht haben": „Kirchen, Beneficien, Begräbnisse, Zehnten aus fremder Arbeit und Nahrung, Dörfer, Hörige, Bezüge von Ländereien, Backhäuser, Mühlen und Ähnliches, was dem lauteren Mönchsberuf entgegen ist, verwehrt unser Name und die Verfassung unseres Ordens."[22]

An diese Grundsätze - Güter nur zum eigenen Gebrauch und zur Selbstbewirtschaftung zu erwerben, Ablehnung von Einkünften aus Kirchen oder Zehnten, Trennung von säkularen Dingen, also auch keine Zulassung von Begräbnissen Fremder im Kloster - hat man sich auch in Bebenhausen zunächst weitgehend gehalten. Die konsequente Befolgung des Gebots der Eigenarbeit verursachte einen enormen wirtschaftlichen Erfolg, der sich beispielsweise auch daran ablesen läßt, daß Bebenhausen 1275 dem päpstlichen Collector den höchsten Kreuzzugszehnten aller Benediktiner- und Zisterzienserklöster im großen Bistum Konstanz zahlen mußte.[23] Doch werden auch schon in der Anfangszeit des Klosters Abweichungen von der Regel und Ausnahmen sichtbar, etwa die Zulassung von Begräbnissen der Stifterfamilie im Kapitelsaal, was dem Abt eine scharfe Rüge des Generalkapitels einbrachte.[24]

Bald wurde die Ordensregel auch bei anderen Positionen umgangen. Im späten 13. Jahrhundert wird unter Abt Friedrich (1281-1305) die Tendenz bemerkbar, an Orten, in

denen das Kloster umfangreichen Besitz hatte, auch andere Rechte aufzukaufen, etwa den - ursprünglich abgelehnten - Kirchensatz, das Patronat. Damit konnten nicht nur neue, direkte Einkünfte, sondern auch eine Zehntfreiheit für die „alten" Güter erreicht werden. 1276 wurde dem Kloster die Pfarrkirche zu Kornwestheim geschenkt, 1281 kaufte Bebenhausen vom Benediktinerkloster Hirsau das Patronatsrecht an der Kirche in Feuerbach, 1286 übergab Graf Gottfried von Tübingen die Kirche zu Schönaich, zwischen 1286 und 1291 schenkten die Tübinger Grafen die einzelnen Besitzanteile an der Kirche zu Echterdingen. Weitere Erwerbungen von Kirchenpatronaten folgten im letzten Jahrzehnt des 13. Jahrhunderts: 1291 in Altdorf und Plieningen, 1292 in Poltringen, 1293 in Weil im Schönbuch, 1294 in Tübingen, 1296 in Entringen, 1299 in Altingen. Fast schon spektakulär waren die Bemühungen um die Tübinger Pfarrkirche. Zunächst gelang es dem Kloster im Oktober 1293 unter Ausnützung der wirtschaftlichen Schwierigkeiten des Pfalzgrafen Eberhard von Tübingen, die Hand pfandweise auf dessen Kirchensatz zu legen, erreichte im Januar 1294 gar einen Kaufvertrag, mußte aber kurze Zeit später dem Grafen Götz von Tübingen den Vortritt lassen. Doch auch dieser konnte das Familien-Stammgut nicht halten und mußte schließlich und nun endgültig 1295 mit anderen Gütern in Tübingen auch das Kirchenpatronat an Bebenhausen veräußern.[25]

Da es Bebenhausen auch in der Folgezeit - wenngleich nur noch gelegentlich - gelang, weitere Kirchen zu kaufen, kam eine recht ansehnliche und einträgliche Sammlung von Kirchen und kirchlichen Einkünften zusammen, zumal das Kloster in der Regel auch die von diesen Pfarrkirchen abhängigen Filialen und Kapellen miterwerben konnte. Eine ganz wichtige Ursache dieser Entwicklung, dieser Mißachtung der Ordensregel, war in Bebenhausen wie bei anderen Zisterzienserklöstern - paradoxerweise - der durch

*Abb. 11. Abt Peter von Gomaringen bringt den Vierungsturm der Muttergottes dar.
Fresko von 1409 im Chor der Klosterkirche.*

Abb. 12. Der Chor der Klosterkirche mit dem berühmten Dachreiter, Aquarell von Rothbarth 1852.

die zunächst genaue Beachtung der Regel erzielte große wirtschaftliche Erfolg: Die stete Vermehrung der Güter führte zwangsläufig dazu, daß der riesige Besitz schließlich gar nicht mehr selbst bewirtschaftet werden konnte, auch nicht mehr mit Konversen, den Laienbrüdern, oder Lohnarbeitern. Der Anteil der an Bauern gegen Zinsen, Abgaben und Leistungen ausgegebenen Güter wurde immer größer. Nach dem Urbar von 1356 bewirtschaftete das Kloster, das in rund 150 (!) Dörfern und Weilern begütert war, gerade noch etwa ein Viertel des Landbesitzes im Eigenbau.[26] Beschleunigt wurde diese Entwicklung durch den Rückgang an Konversen. In Bebenhausen waren gegen Ende des 13. Jahrhunderts etwa 60 bis 80 Mönche und 130 Laienbrüder beheimatet, in den ersten Jahrzehnten des 14. Jahrhunderts zählte man neben 80 Mönchen gerade noch 40 Konversen, 1432 werden 39 Mönche und 16 Konversen genannt, und bei der Aufhebung des Klosters 1535 sind es gar nur noch zwei.[27]

Einen wesentlichen Anteil an diesen Veränderungen hatte auch der Verfall des Getreidepreises, so daß es bei steigenden Lohnkosten rentabler wurde, Güter gegen Anteile an der Ernte an Bauern auszugeben.[28] Diese Entwicklung, die bereits um 1300 einsetzte und dann eine immer schnellere Dynamik entfaltete, führte - zumal das Kloster zu Beginn des 14. Jahrhunderts durch politische Ereignisse und kriegerische Auseinandersetzung in Bedrängnis geriet - auch zu einer Abkehr vom Umgang mit dem klösterlichen Grundbesitz.

Einen Höhe-, aber auch Wendepunkt dieser seit einem Jahrhundert andauernden expansiven Erwerbspolitik bildete der 1301 erfolgte Versuch, die Stadt Tübingen zu erwerben, der schließlich scheiterte.

Etwas generalisierend kann man feststellen, daß von nun an die Äbte ihr Augenmerk auf die unmittelbare Umgebung des Klosters richteten, ihren fernen Streubesitz verkauften und sich um den Aufbau eines geschlossenen Klosterterritoriums bemühten.

Der wirtschaftliche Aufschwung und der damit Hand in Hand gehende hohe Personalstand bei Mönchen und Laienbrüdern führte auch zum raschen Ausbau der Klosteranlage,[29] die in der zweiten Hälfte des 13. Jahrhunderts von einer hohen, mit einem Wehrgang versehenen Mauer umzogen werden konnte. Die Kirche war bereits am 26. Mai 1228 geweiht worden. Doch gebaut wurde am Kloster auch in der Folgezeit, zu einem gewissen Baustopp führte erst die Reformation. Bis dahin zeigt sich die zwar durchaus auch schwankende, im großen und ganzen aber anhaltende wirtschaftliche Stärke des Klosters auch darin, daß in allen Jahrhunderten große „Modernisierungen", Um- und Ausbaumaßnahmen durchgeführt werden konnten. So entstand um 1335 das „lichtdurchflutete" Sommerrefektorium, und in den Jahren 1407 bis 1409 baute der Laienbruder Georg aus Salem den oft als Wahrzeichen Bebenhausens apostrophierten, berühmten Dachreiter auf der Kirche - „den schönsten, den die Zisterziensergotik hervorgebracht hat" - an Stelle eines bescheidenen Vorgängers. Der gotische Kreuzgang erhielt seine heutige Gestalt, nachdem der romanische abgebrochen war, erst gegen Ende des 15. Jahrhunderts. Zu jener Zeit galt Bebenhausen als das reichste aller württembergischen Klöster, bezahlte die höchsten Steuern und Umlagen.

Aufbau eines Klosterterritoriums

Die Gunst der Stunde nutzend, erwarb das Kloster Bebenhausen beim Niedergang der Tübinger Grafen gegen Ende des 13. und zu Beginn des 14. Jahrhunderts nicht nur zäh Äcker und Wiesen, Weingärten und Wälder, Höfe, Keltern, Mühlen, Kirchen und Kapellen, sondern, wo sich die Gelegenheit bot, auch gräfliche Burgen oder Fronhöfe und die dazugehörende Niedergerichtsbarkeit und Herrschaft über ganze Dörfer, etwa in Altdorf, Reusten oder Weil im Schönbuch.[30]

Abb. 13. Die klösterliche Grangie Waldhausen, Andreas Kieser 1683.

Weitere Erwerbungen zu Beginn des 15. Jahrhunderts - 1410 in Unterjesingen oder 1417 in Ofterdingen - sorgten dafür, daß die Abtei neben reichem Streubesitz schließlich über ein nahezu geschlossenes eigenes, etwa ein gutes Dutzend Dörfer und Weiler umfassendes Territorium verfügen konnte, dessen Mittelpunkt Bebenhausen bildete. Hoheitliche Rechte, insbesondere die Niedergerichtsbarkeit, nahm das Kloster zudem wahr in seinen großen Gutshöfen, ehemaligen Grangien: Erlach, Aglishardt, Vesperweiler mit Oberwaldach und Waldhausen.

Wieviel Menschen zu diesem „Klosterstaat" zählten, ist nicht genau zu bestimmen. Doch existiert eine 1496/97 im Kloster für eine Reichssteuer, „den gemeinen Pfennig", angelegte Liste,[31] in der alle Personen, die über 15 Jahre alt waren, namentlich erfaßt sind. Demnach war Weil im Schönbuch die größte Gemeinde mit 294 Personen (also immer ohne die unter 15jährigen) in 141 Haushaltungen, gefolgt von Lustnau mit 290 Personen in 136 Haushaltungen. In Unterjesin-

gen wurden 202 Personen in 95 Haushaltungen gezählt. Die anderen Gemeinden sind wesentlich kleiner: Hagelloch hat 73 Personen in 41 Haushaltungen, Pfrondorf 53 Personen in 26 Haushaltungen. Insgesamt lebten in den Klosterdörfern 1544 über 15 Jahre alte Personen, zudem in Bebenhausen als Knechte, Mägde, Pfründner und Handwerker weitere 78 Menschen, zusammen also: 1622. Etwa zur gleichen Zeit zählte der Konvent mit dem Abt 50 Mönche, zwei Novizen und sechs Konversen. Auf einen Mönch kamen also etwa 32 Untertanen, grob etwa 15 Haushaltungen. Wobei nun allerdings in diese Rechnung nicht mit einbezogen wurde jene große Zahl von Personen, die außerhalb des Klosterterritoriums unter einer anderen „staatlichen Hoheit" lebten, dem Kloster aber eigentümlich zugehörten, Leibeigene des Klosters waren oder diesem Zinsen und Abgaben entrichteten.

Abb. 14. Der Klosterhof in Lustnau, Andreas Kieser 1683.

Verwaltung und Vermarktung

Die zentrale Stelle der Verwaltung aller Klostergüter, der Einkünfte und Ausgaben bildete natürlich das Kloster selbst mit dem Abt an der Spitze. Wichtig waren aber auch die Außenstellen, Pflegen und Klosterhöfe, die in der Frühzeit mit Mönchen, später auch mit weltlichen „Beamten" besetzt waren. Eine besondere Bedeutung kam den „Pfleghöfen" in den Städten zu, dienten sie doch nicht nur zur Verwaltung des Klosterbesitzes, sondern auch als Sammelstellen für Naturalabgaben und meist für die Vermarktung der Güter, insbesondere von Getreide und Wein. Wie weit gestreut der Klosterbesitz war, zeigt sich auch an ihnen, unterhielt das Kloster doch Pfleghöfe in Esslingen, Herrenberg, Leonberg, Markgröningen, Reutlingen, Rottenburg, Stuttgart, Tübingen und Weil der Stadt. Der ursprünglich wohl größte städtische Pfleghof, der in Ulm - Ausgangsort für die Donauschiffahrt -, für den König Adolf 1296 zudem volle Zoll- und Handelsfreiheit bewilligt hatte, ging dem Kloster verloren, da das Gelände für den im Jahr 1377 begonnenen Bau des Münsters benötigt wurde.[32]

Unterm Schutz und Schirm Württembergs

Bei seiner Gründung wurde das Kloster Bebenhausen von der Vogtei durch die Gründerfamilie oder andere adlige Dynastien befreit, das heißt es genoß eine Immunität vor weltlichen Gerichten, war von weltlicher Gewalt weitgehend unabhängig, lediglich dem Kaiser unterstellt und in weltlichen Dingen nur ihm Gehorsam pflichtig.[33] Doch wurde dieses Privileg mit der „Verweltlichung" des Klosters, mit dem Erwerb des großen Besitzes, der mit einem Konglomerat vielfältiger Rechte verbunden war, ja mit dem Erwerb ganzer Dörfer und dem Aufbau eines eigenen Territoriums immer problematischer. Es entsprach - trotz wiederholter Bestätigung - bald nicht mehr den Realitäten.

Von besonderer Bedeutung wurde die Beziehung zu den Grafen von Württemberg, die neben Bebenhausen vom Untergang der Pfalzgrafen am meisten profitierten, ja die eigentlichen Nutznießer des politischen Niedergangs und wirtschaftlichen Ruins der Tübinger wurden und in vielfacher Weise an deren Stelle traten. Vor allem nachdem die Württemberger 1342 die Stadt Tübingen, den einstigen Herrschaftsmittelpunkt der Pfalzgrafen, von diesen erwerben konnten, gewannen sie eine Art regionaler Hegemonialstellung. Zu den reichsrechtlichen Kompetenzen, die Württemberg durch die Übertragung von Reichsrechten, etwa der Reichslandvogtei Niederschwaben, seit einigen Jahrzehnten besaß, kamen nun nach dem Kauf von Tübingen gegenüber Bebenhausen traditionelle Rechte der Gründerfamilie hinzu. „Das ergab eine nach den Maßstäben der Zeit zweifellos starke schirmherrschaftliche Stellung, die wohl weniger vertraglich als gewohnheitsrechtlich bestimmt war."[34] 1392 ist dann auch deutlich von „tuitio et defensio", also vom Schutz und Schirm, Württembergs über Bebenhausen die Rede.[35] Was Konsequenzen nach sich zog, war doch mit Schutz immer auch Herrschaft verbunden.

Im 15. Jahrhundert ist dann auch - ohne daß dies irgendwo oder irgendwie schriftlich und vertraglich fixiert worden wäre - eine zunehmende Integration Bebenhausens in den württembergischen Territorialstaat zu beobachten.

Das zeigt sich etwa auf dem wichtigen Gebiet der Rechtspflege: In der Regel zielte die Bebenhäuser Erwerbspolitik darauf, in den Klosterdörfern allen Besitz, alle Einkünfte, „Zinsen und Gefälle" sowie alle Rechte an sich zu bringen. So erwarben die Äbte dort meist auch die volle, uneingeschränkte Gerichtshoheit. Dennoch akzeptierten die Äbte offensichtlich die ehemaligen pfalzgräflichen Hochgerichtsrechte, verzichteten in ihrem Territorium auf die Ausübung der Blutgerichtsbarkeit und traten diese an Württemberg ab.[36]

In der Realität sah dies - etwas vereinfacht dargestellt - so aus: Bei Verbrechen und Taten, für die das Dorfgericht nicht zuständig war, bei Mord, Brandlegung, Vergewaltigung, Aufruhr, Raub, Gotteslästerung wurde der Delinquent - sofern man seiner habhaft wurde - im Gefängnisturm des Lustnauer Klosterhofs eingesperrt. Dann wurde untersucht, ob es sich um eine schwere „Malefizsache", die nur mit Blut gesühnt werden konnte, handele oder nicht. Wenn ja, dann wurde der Verbrecher an Württemberg, nach Tübingen, zur Vollstreckung des Urteils, insbesondere des Todesurteils weitergereicht. Deutlich wird allerdings die Tendenz, alle Vergehen, aus denen Geld zu schlagen war, als eine Angelegenheit zu behandeln, für die allein der Abt zuständig war, und all jene Fälle, die in Strafverfolgung oder -vollzug höhere Kosten - Gefangene müssen beispielsweise verpflegt werden - erwarten ließen, an Württemberg abzutreten.

Lediglich in der Frage um die Appellationsinstanz und das übergeordnete Gericht - etwa bei einer Revisionsklage eines vom klösterlichen Dorfgericht Verurteilten oder beim Rechtsstreit zweier Dörfer - kam es zwischen Bebenhausen und Württemberg zu einem Kompetenzenkonflikt, der bis zur Reformation anhielt. So bekämpfte das Kloster - seit dem Beginn des 15. Jahrhunderts nachweisbar - den althergekommenen Instanzenweg und Rechtszug seiner Dörfer nach Tübingen, wobei es sich aller ihm zur Verfügung stehender Mittel bediente. Wiederholt zog Württemberg dagegen Appellationssachen nach „altem Herkommen" an das Tübinger Stadtgericht.

Die von Württemberg gehandhabten Schutz- und Schirmfunktionen zeigten sich gegenüber Bebenhausen außer bei der Blutgerichtsbarkeit noch in vielen weiteren Bereichen. So erscheint das Kloster 1471 letztmals selbständig in der Reichsmatrikel und entrichtet danach seine Reichssteuern über Württemberg.[37] Zudem mußte es Musterungen seiner Untertanen durch Württemberg

Abb. 15. Die „Bernhardsminne", Tafelbild in der Klosterkirche. Darstellung der Vision des heiligen Bernhard von Clairvaux mit dem Stifter des Tafelbildes, Abt Bernhard Rockenbauch von Bebenhausen (1471-1493). Im Hintergrund das Kloster Bebenhausen.

dulden,[38] ja in Fehden und Kriegen der württembergischen Herrschaft gar Wagen und bewaffnete Aufgebote stellen, was dazu führte, daß das Kloster auch in die kriegerischen Auseinandersetzungen hineingezogen und Bebenhäuser Dörfer und Höfe von den Feinden Württembergs niedergebrannt wurden. Eine große Rolle spielte im 15. Jahrhundert, in einer Zeit, in der die politischen Strukturen noch stark von personellen Bindungen bestimmt waren, die persönliche Beziehung zwischen einzelnen Äbten, die zu einem großen Teil aus Adelsfamilien stammten, und den württembergischen Grafen.[39] Dies wird besonders deutlich in der Regierungszeit des Grafen Eberhard im Bart (1445-1496), bei dessen Taufe 1445 bezeichnenderweise Abt Reinhard von Höfingen anwesend war.

Abb. 16. Grabplatte des Abtes Johannes von Fridingen (1493-1534) im Chor der Klosterkirche.

Graf Eberhard hat wiederholt schwerwiegend in die Belange des Klosters eingegriffen. So machte er seinen Einfluß geltend bei der Resignation des Abtes Werner 1471 und bei der Wahl von Bernhard Rockenbauch, einem gräflichen Vertrauensmann, zum neuen Abt. Auch bei der Gründung der Universität Tübingen 1477 wird das Zusammenspiel von Graf und Kloster deutlich, ja Eberhard springt mit dem Kloster so um, als sei dessen Eigentum das seinige. Der Abt besucht nun die württembergischen Landtage, siegelt als Mitglied des württembergischen Prälatenstandes, dient diplomatischen Missionen. Welch starkes, auch persönliches Interesse Graf Eberhard an Bebenhausen hat-

te, zeigt sich zudem daran, daß er sich 1471 in die Gemeinschaft des Zisterzienserordens („in specialissimam fraternitatem") aufnehmen ließ, oder daran, daß er der Abtsweihe 1493 persönlich beiwohnte und der neue Abt Firmpate des jungen Ulrich, des späteren Herzogs, wurde.

Unter Graf Eberhard im Bart, seit 1495 Herzog von Württemberg, wird Bebenhausen, wie andere württembergische Klöster, fester Bestandteil des Landes, der Abt zu einem dem Land inkorporierten Prälaten. Damit wurden aber auch - ohne daß dies Eberhard je so gewollt hätte - die Voraussetzungen geschaffen, die es Herzog Ulrich von Württemberg 1534/35 erlaubten, die Reformation im Kloster einzuführen und das monastische Leben aufzulösen.

Reformation und Auflösung

Die Einbindung des Klosters in das Herzogtum Württemberg schien auch in der Reformationszeit seinen Bestand zunächst eher zu garantieren als zu gefährden. 1519 wurde Herzog Ulrich nach dem Überfall auf die Reichsstadt Reutlingen vom Schwäbischen Bund seines Landes verwiesen und Württemberg 1520 an Erzherzog Ferdinand von Österreich, den Bruder des deutschen Kaisers Karl V., übergeben. Zwar wurden dem Kloster im Bauernkrieg 1525 schwere Schäden zugefügt, der Schutz der katholischen Habsburger als neue Herren Württembergs bot aber - wie anzunehmen war - dem im württembergischen Land fest eingebetteten Kloster die beste Sicherheit vor der Reformation und vor allen damit verbundenen Gefahren.

Doch der Schwäbische Bund zerbrach, Herzog Ulrich eroberte mit seinem Sieg bei Laufen am 13. Mai 1534 sein Land zurück und bemühte sich alsbald um die Durchsetzung der Reformation,[40] auch in den unter württembergischer Schirmherrschaft stehenden Klöstern. Wie in anderen Klöstern ordnete er auch für Bebenhausen eine Inventarisie-

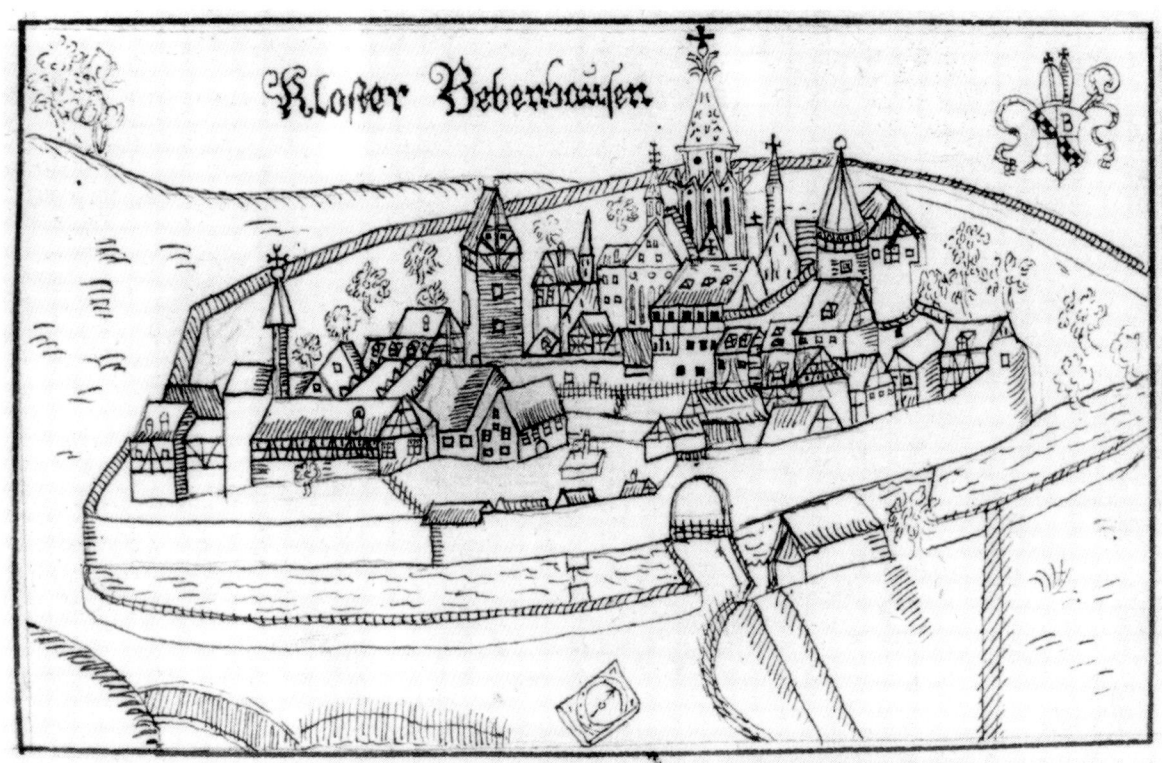

Abb. 17. Ansicht des Klosters Bebenhausen, Holzschnitt 1622.

rung des Klostergutes und eine Ablieferung der Kirchengeräte an. Proteste halfen wenig, zumal der Konvent gespalten war - 18 der 36 Mönche bekannten sich als Lutheraner. Als dann gar Abt Johannes von Fridingen am 21. Dezember 1534 starb und Herzog Ulrich, wohl mit Unterstützung der zur Reformation neigenden Mönche, die Wahl eines Nachfolgers verhindern konnte, kam es schon bald zur Einführung der Reformation in den Klosterdörfern, zur Besetzung der Klosterpfarreien mit evangelischen Geistlichen und zur Auflösung des Klosters Bebenhausen.

Am 13. Juli 1535 unterschrieb ein Großteil der Mönche, nachdem jedem eine jährliche Rente von 40 Gulden zugesagt worden war, den damals allgemein üblichen Revers, man sei aus „Unverstand" ins Kloster eingetreten, und verließ Bebenhausen. Die „alten Chrysten" mußten schließlich - nachdem Re-

formationsversuche von Ambrosius Blarer, ja von Herzog Ulrich selbst gescheitert waren - mit einer „Abfertigung" von zehn Gulden versehen, am 17. November 1535 das Kloster verlassen. Nach 345 Jahren endete das monastische Leben in Bebenhausen. Das Kloster blieb zunächst leer, die Kirche wurde zum großen Teil abgerissen und ihre Steine zum Ausbau der Festung Hohentübingen verwendet.

Als Verwaltungs- und Wirtschaftsorganismus, als Rechtseinheit blieb das Kloster allerdings bis 1807 auch innerhalb Württembergs weiterhin bestehen.[41] Nach wie vor mußten etwa die hörigen Bauern ihre althergebrachten Abgaben oder Fronen nach Bebenhausen leisten, das nun lediglich den neuen Namen „Amt", seit 1759 „Oberamt" führte und von einem württembergischen Beamten, dem „Vogt" oder „Oberamtmann", geleitet wurde.

Wiederbelebungsversuche

Die aus Bebenhausen 1535 vertriebenen Mönche versuchten zunächst, irgendwo geschlossen unterzukommen.[42] Doch ihre Bemühungen führten zu einem eher unsteten Wanderleben. Eine Lösung zeichnete sich erst 1542 ab. In diesem Jahr starb der Abt des Zisterzienserklosters Tennenbach und mit ihm dort der letzte Priestermönch. Deshalb forderte der Generalkommissar des Ordens alle ehemaligen Bebenhäuser Mönche auf, sich in der Zisterze einzufinden und aus ihrer Mitte einen neuen Abt zu wählen. Wenngleich nicht alle dieser Aufforderung nachkamen, einige waren auch verstorben, so fand sich doch die Mehrheit in Tennenbach ein und wählte den aus einer Tübinger Familie stammenden Sebastian Lutz, genannt Hebenstreit, zum Abt.

Als sich auf dem „geharnischten" Reichstag zu Augsburg durch Kaiser Karl V. 1547 eine Restitution der Klöster ankündigte, wählten die sechs ehemaligen Bebenhäuser Mönche in Tennenbach Sebastian Lutz auch zum Abt von Bebenhausen. Und tatsächlich, das „Interim" wurde beschlossen, und so konnte nach langwierigen Verhandlungen 1549 Abt Sebastian mit seinem kleinen Konvent wieder in Bebenhausen einziehen. Ärger und Schwierigkeiten waren allerdings vorprogrammiert: für ein katholisches Kloster war im evangelischen Württemberg kein Platz. So wurden dem Konvent die Einkünfte gesperrt oder verweigert, evangelische Prediger zur Anhörung verordnet. Nachdem Herzog Christoph dann, gemäß der Klosterordnung von 1556, in Bebenhausen gar eines der Höheren Seminarien, ein evangelisches Internat, hatte errichten lassen,[43] wurde die Lage für Abt Sebastian und seine Getreuen aussichtslos, obwohl sie sechs neue Mönche hinzugewonnen hatten.

Im Januar 1560 resignierte Abt Sebastian, der noch verbliebene Konvent - Prior und drei Mönche - verließ Bebenhausen und zog ins elsässische Kloster Pairis. Das ehemalige Kloster Bebenhausen diente von nun an als Schule, deren Leiter, nach dem Tod des Abtes Sebastian am 15. November 1560, als Zeichen der Kontinuität am 3. Dezember auf dem Abtstuhl in der Kirche installiert wurde und, wie alle seine Nachfolger bis 1807, den Titel eines Evangelischen Abtes führte. Noch einmal kam es zu einer, nun allerdings Neu-Besiedlung Bebenhausens durch Zisterziensermönche. Mitten im Dreißigjährigen Krieg, 1630, ermöglichte das Restitutionsedikt eine Inbesitznahme durch Mönche aus Salem, die - 1632 von Schweden vertrieben, 1634 wieder zurückgekehrt -, 1648 allerdings auf Grund der Bestimmungen des Westfälischen Friedens Bebenhausen wieder räumen und in ihr Heimatkloster zurückgehen mußten.

Die nachklösterliche Nutzung

Die Klostergebäude dienten nach dem Dreissigjährigen Krieg zunächst wieder ausschließlich als Höheres Seminarium, zur Vorbereitung auf das Universitätsstudium in Tübingen, bis 1807 eine Zusammenlegung mit der im Kloster Maulbronn untergebrachten Schule erfolgte. Danach wurden die Gebäude an Privatleute verkauft, die sich 1823 zur neuen bürgerlichen Gemeinde, zum Dorf Bebenhausen zusammenschlossen. Der von der inneren Mauer umschlossene engere Klosterbezirk wurde - soweit 1823 veräußert - unter König Karl (1864-1891) zurückerworben und zum Jagdschloß umgebaut, nach Ausrufung der Republik 1918 seinem Nachfolger und dessen Gemahlin als Altersruhesitz zugewiesen. König Wilhelm starb hier 1921, seine Witwe Charlotte 1946. Noch einmal standen Schloß und Klostergebäude im Mittelpunkt des politischen Geschehens, als von 1946 bis 1952 zunächst die Verfassunggebende Versammlung, dann der Landtag von Württemberg-Hohenzollern in ihnen untergebracht war.

Abb. 18.

Abtskrümme mit Darstellung des Amplexus.
Versilbertes und teilweise vergoldetes Kupfer,
um 1550.
Höhe der Krümme: 37,5 cm, Breite: 15,8 cm.
Schnütgen-Museum, Köln.

In der Krümme ist die sogenannte „Bernhardsminne" oder „Amplexus" dargestellt: Jesus neigt sich
vom Kreuz herab, um Bernhard von Clairvaux zu
umarmen. Voluten stützen die Leiste, die die Szene
und ein Doppelwappen trägt. Auf der Ansichtssei-
te befinden sich neben dem knienden Bernhard von
Clairvaux sein Abtsstab und sein Wappen mit dem
geschachten Balken (Abb. 18). Auf der anderen Seite erscheint das Familienwappen des Abtes Sebastian Lutz, genannt Hebenstreit (Abb. 19). Nach der
Rückkehr des Konvents nach Bebenhausen hatte
der schon 1547 im Exil gewählte Abt keine liturgischen Geräte vorgefunden und den Abtsstab in
Auftrag gegeben. Sebastian Lutz stand dem Kloster Bebenhausen von 1549 bis 1560 vor.
Über den weiteren Weg der Abtskrümme ist nichts
bekannt. Sie wurde 1903 vom Kölner Kunstgewer-
bemuseum erworben, nachdem sie zuvor zur Sammlung Thewalt in Köln gehörte. Seit 1932/33 befindet sie sich im Schnütgen-Museum.   (S.K)

Die Äbte des Zisterzienserklosters Bebenhausen*

Diepold, aus Kloster Schönau	
(1196 Abt von Schönau)	1190-1196
Enzmann	zw. 1196 und 1211
Erkinbert	zw. 1196 und 1211
Walther	zw. 1196 und 1211
Ludwig	1211
Bruno	1216
Berthold I.	† 11. Mai 1223
Konrad	1225-1228
Hermann	um 1230
Petrus	um 1240/43
Rudolf	nach 1243
Berthold II.	1245-1262
Eberhard aus Reutlingen	1266-1279
Friedrich († 5. Jan. 1305,	1281-1299
wurde Abt in Schönau,	und 1300-1303
kehrte aber zurück)	
Lupold aus Esslingen († 31. Okt. 1300) 1299-1300	
Ulrich aus Esslingen	1303-1320
(Bruder des L., † 6. Febr. 1320)	
Konrad von Lustnau († 8. Dez. 1353)	1320-1353
Heinrich aus Rottenburg	1353-ca. 1356
(vertrieben, in der offiziellen	
Äbteliste nicht gezählt)	
Werner von Gomaringen	ca. 1356-1393
(† 30.Sept. 1393)	
Peter von Gomaringen	1393-1412
(Bruder von W., † 14. Jan. 1412)	
Heinrich von Hailfingen	1412-1432
(† 31. Juli 1432)	
Reinhard von Höfingen	1432-1456
(† 23. Aug. 1456)	
Johannes aus Deckenpfronn	1456-1460
(† 27. Dez. 1460)	
Werner Glüttenhart aus Tübingen	1461-1471
(res. 6. Juni 1471, † 10. Juli 1473)	
Bernhard Rockenb(a)uch	1471-1493
aus Magstadt († 11. Mai 1493)	
Johannes von Fridingen	1493-1534
(† 21. Dez. 1534)	
Sebastian Lutz, genannt Hebenstreit	1547-1560
aus Tübingen († 15. Nov. 1560)	
Joachim Müller aus Pfullendorf	1630-1649
(vertrieben, † 11./21. Mai 1663)	

* Die Daten erstrecken sich auf die gesicherten Regierungszeiten bzw. auf deren Erwähnung in Urkunden oder im Catalogus Abbatum.

Anmerkungen

1 Zuletzt dazu Sydow 1995, S. 23-29.
2 Scholkmann 1990, S. 285-288.
3 Württembergisches Urkundenbuch 2, Nr. 449.
4 Zur Geschichte der Pfalzgrafen von Tübingen: Schmid 1853 und Decker-Hauff/Quarthal/Setzler 1981.
5 Brand/Krins/Schiek 1989, S. 19-23.
6 Siehe Sydow 1976.
7 WUB 2, S. 271.
8 Sydow 1984, S. 53.
9 WUB 2, Nr. 456.
10 Ebd. Nr. 478 und 482.
11 Ebd. Nr. 525.
12 Sydow 1984, S. 164-195.
13 Der Wortlaut dieser in der Literatur wiederholt falsch (später) datierten Urkunde in: WUB 7, S. 480 (Nachtrag Nr. 74)
14 WUB 3, Nr. 724, dort wohl falsch auf 1229 datiert (siehe Zeugenreihe).
15 WUB 2, Nr. 540.
16 WUB 3, S. 481-483.
17 WUB 3, Nr. 940.
18 Sydow 1984, S. 143.
19 WUB 2, Nr. 525 und 3, Nr. 766.
20 Regula Benedicti 1992.
21 Schneider 1977, S. 27.
22 Ebd., S. 28.
23 Sydow 1984, S. 145.
24 Ebd., S. 34.
25 Ebd., S. 196-222.
26 Siehe Neuscheler 1928.
27 Sydow 1984, S. 83.
28 Rösener 1995, S. 95.
29 Siehe dazu Köhler 1995 und den Beitrag von Marc Carel Schurr in diesem Buch.
30 Zum Grundbesitz: Sydow 1984, S. 143-196.
31 Ediert von Sydow 1969, S. 35-49.
32 Sydow 1984, S. 191.
33 Siehe Stegmaier 1983 und Stievermann 1995.
34 Stievermann 1995, S. 133.
35 HStA Stuttgart A 474 Bü 159.
36 Stegmaier 1983, S. 154-156.
37 Setzler 1979, S. 88-91.
38 Ebd., S. 114 und 121f.
39 Dazu Stievermann 1995, S. 138-142.
40 Dazu Sydow 1984, S. 61-64.
41 Dazu Fischer 1995, S. 147-177.
42 Zu den Restitutionsversuchen: Sydow 1984, S. 64-78.
43 Dazu Setzler 1995, S. 178-192.

Abb. 19.

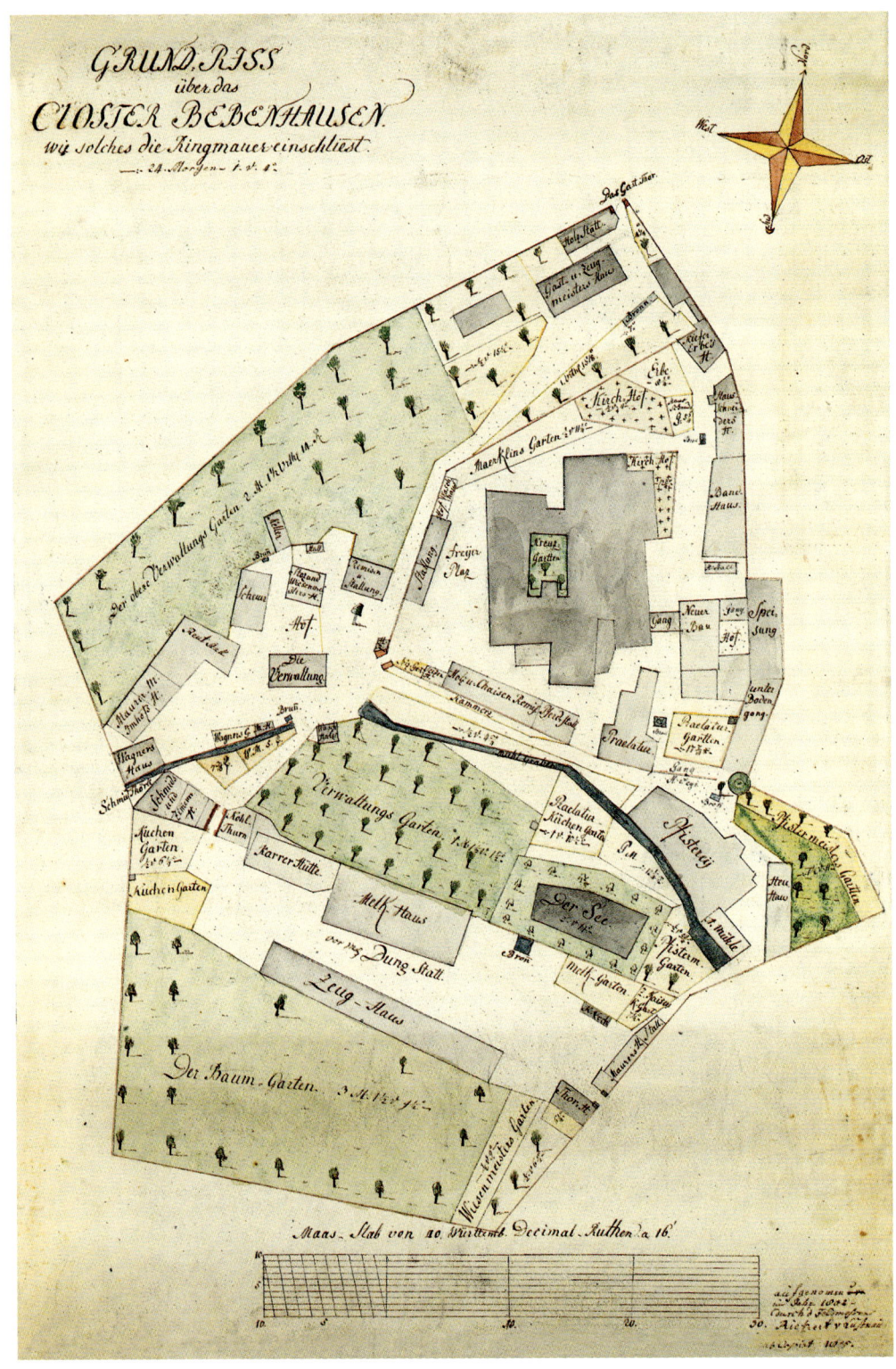

Abb. 20. Grundriß der Klosteranlage von Riekert 1802, Hauptstaatsarchiv Stuttgart.

30

Das Kloster im Bild

Abb. 21. „Bernhardsminne", Detail, um 1490.

Die Ansichten der Klosteranlage Bebenhausen sind wichtige Dokumente für die Baugeschichte. Besonders wertvoll sind die frühen Ansichten.

Aus dem Mittelalter ist eine einzige Abbildung erhalten, die auf der um 1490 im Auftrag des Abtes Bernhard Rockenbauch entstandenen „Bernhardsminne" zu sehen ist (Abb. 15 und 21). Auf dem Tafelbild ist vordergründig die im Orden beliebte Szene dargestellt, in der sich Christus vom Kreuz neigt und Bernhard von Clairvaux umarmt. Im Hintergrund aber wird die früheste Ansicht des Klosters in seinem authentischen Bauzustand um 1490, vor den Baumaßnahmen unter Abt Johannes von Fridingen, gezeigt. Deutlich sind der Vorgängerbau des Grünen Turms und die 1507 abgerissene Krankenkapelle mit den hohen Maßwerkfenstern zu erkennen.

Abb. 22. „Schweingehetz bey Bebenhausen", Federzeichnung von Johannes Steiner, 1576.

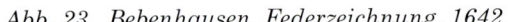
Abb. 23. Bebenhausen, Federzeichnung, 1642.

Abb. 24. Kloster Bebenhausen, Aquarell von Jeremias Höslin, 1744.

Erst aus dem 16. Jahrhundert, aus der Zeit nach der Reformation, ist eine weitere Ansicht der Klosteranlage in der Staatsgalerie Stuttgart überliefert (Abb. 22). Auch sie ist nur als Hintergrund des Geschehens - eine Jagd des württembergischen Herzogs im Schönbuch im Jahr 1576 -, aber nach genauester Beobachtung, gezeichnet. Der Zeichner Johannes Steiner war als Hofmaler Herzog Ludwigs zur Dokumentation der Jagd - im Vordergrund sieht man den Herzog und seine Gemahlin - aufgefordert worden.

Im 17. Jahrhundert wird das Kloster mit dem wachsenden Interesse an topographischen Ansichten zum eigenständigen Bildmotiv. Mit einer im Privatbesitz befindlichen Zeichnung von 1642 (Abb. 23) liegt neuerdings die nach ihrer künstlerischen Qualität und ihrem Format bedeutendste Ansicht des Klosters vor.

Aus ganz anderen Motiven heraus entstand die Ansicht des Andreas Kieser aus dem Jahr 1683 (Abb. 10). Er dokumentierte das Kloster und zahlreiche Klosterorte im Rahmen seines großen Forstkartenwerks, das er in landesfürstlichem Auftrag anfertigte.

Aus dem 18. Jahrhundert ist eine einzige Ansicht erhalten, die, auf 1744 datiert, als Aquarell in einer Handschrift des Klosterschülers Jeremias Höslin „Monumenta Bebenhusana" von 1741 beigefügt ist (Abb. 24) und in der Württembergischen Landesbibliothek aufbewahrt wird. Auf ihr wird mit deutlich historischem Interesse das Kloster in seinem Bestand dokumentiert und die mittelalterlichen Funktionen der Klostergebäude vermerkt. Es ist die letzte Gesamtdarstellung des Klosters vor der Auflösung der Klosterschule und der Gründung der Gemeinde Bebenhausen im Jahr 1823 mit den nachfolgenden baulichen Veränderungen.

Mit der Wiederentdeckung mittelalterlicher Klosteranlagen im 19. Jahrhundert nehmen auch die graphischen Darstellungen des Klosters in der romantischen Sicht jener Zeit zu. Als typisches Beispiel dafür sind die Kupferstiche Heinrich Grafs zu sehen, die 1828 entstanden (Abb. 25).   (S.K.)

Abb. 25. Bebenhausen, Kupferstich von Heinrich Graf, 1828.

Kloster und Archäologie
Ausgrabungen in der Zisterzienserabtei Bebenhausen

Barbara Scholkmann und Jochem Pfrommer

Vorbemerkung:
Zur Lage und Bezeichnung der einzelnen
Bauteile der Klausur und der Gebäude der
Klosteranlage vgl. die beiden Gesamtpläne
im Bucheinband, Vorder- und Rückseite.

Zisterzienserklöster als Forschungsaufgabe der Archäologie

Die archäologische Erforschung der Zisterzienserklöster in Mitteleuropa weist keine kontinuierliche Entwicklung auf.[1] Sie gehören einerseits zu jenen Denkmälern des Mittelalters, in denen schon sehr früh, meist seit der Mitte des 19. Jahrhunderts, erste archäologische Untersuchungen einsetzten. Das erwachende Interesse an der Geschichte des Zisterzienserordens und seinen Niederlassungen und vor allem die Beschäftigung mit den erhaltenen Anlagen als großen und bedeutenden Zeugnissen mittelalterlicher Baukunst führten auch zu Forschungen nach im Boden vermuteten Überresten. Diese galten jedoch, wie die ersten dokumentierten Grabungen zeigen, noch nicht baugeschichtlichen Fragestellungen, sondern den Grablegen bedeutender Personen, deren Beisetzung im Kloster überliefert war.[2]
Andererseits erweisen sich die Klöster jedoch, wie die Niederlassungen anderer Orden und verglichen etwa mit Stadtkernen oder Burgen, bis in die siebziger Jahre unseres Jahrhunderts als eine archäologisch eher vernachlässigte Denkmalgruppe. Der Grund dafür liegt vor allem darin, daß zahlreiche Klosteranlagen in ihrer mittelalterlichen Gestalt besonders gut und vollständig erhalten sind. Die Beschäftigung mit dem überkommenen Baubestand und seine Erforschung schien lange Zeit und teilweise bis in die Gegenwart hinein soviel an Erkenntnissen liefern zu können, daß archäologischen Untersuchungen demgegenüber wenig Bedeutung beigemessen wurde. Sie dienten zum Beispiel der Freilegung der Fundamente abgegangener Bauten und blieben auf Fragestellungen der Baugeschichte im engen Sinn beschränkt.[3]
Als besondere und umfassende Forschungsaufgabe ist die Archäologie der Klöster allgemein und auch der Anlagen der Zisterzienser erst von der modernen archäologischen Mittelalterforschung erkannt worden. Diese hatte zum einen durch zum Teil umfangreiche Rettungsgrabungen auf die durch Bau- und Renovierungsmaßnahmen verschiedener Art bedingte Bedrohung ihrer im Boden dokumentierten Geschichte zu reagieren. Dabei wurden erstmals auch solche Anlagen in die archäologische Erforschung mit einbezogen, die infolge der Reformation oder der Säkularisation vollständig abgegangen sind.[4] Zum anderen erweiterte sich der Katalog archäologischer Fragestellungen über die baugeschichtlichen Aspekte hinaus zu denen einer Klosterarchäologie im umfassenden Sinn.[5] Hierzu gehören die Untersuchung der geographischen und topographischen Voraussetzungen für die Anlage eines Klosters ebenso wie die einer möglichen Vorgängerbesiedlung und Bebauung. Bei der Erforschung der individuellen Baubiographie eines Klosters stellt sich nicht nur die Frage der Entstehungszeit und baugeschichtlichen Einordnung der einzelnen Bauteile, sondern ebenso die der einzelnen Etappen der Klostergründung, der Existenz

eines provisorischen, möglicherweise aus Holz errichteten Gründungsklosters und der Umsetzung des Planschemas einer Zisterzienseranlage unter den Bedingungen der örtlichen Bausituation.[6] Eine weitere Forschungsaufgabe bieten die baulichen Lösungen der klösterlichen Infrastruktur, der Ver- und Entsorgung, wobei bei den Zisterziensern den Einrichtungen zur Wassernutzung eine besondere Bedeutung zukommt.[7] Der archäologische Niederschlag der zisterziensischen Lebenswirklichkeit im Spannungsfeld zwischen spiritueller Versenkung und der Befriedigung der menschlichen Grundbedürfnisse der Ernährung, Bekleidung und Behausung stellt sich als ein für die archäologische Forschung besonders wichtiger Bereich dar, da sich hier vor allem der Gegensatz zwischen den in den Schriftquellen sich niederschlagenden Normen und der gelebten Alltagsrealität der Mönche erfassen läßt.[8] Schließlich werden die Zisterzienserklöster als bedeutende Wirtschaftsbetriebe und integraler Bestandteil der mittelalterlichen Kulturlandschaft verstanden und als solche in die archäologische Erforschung mit einbezogen. Dies schließt eine Untersuchung aller ihrer wirtschaftlichen Einrichtungen ein. Dazu gehören Mühlen und Werkstätten aller Art, wie beispielsweise Glashütten, ebenso wie die Anlagen zur Wasserkraftnutzung und zur Erschließung von Primärressourcen wie Bergbau und Eisenverhüttung und schließlich die klostereigenen Stadthöfe und Grangien.[9] Die künftige Zisterzienserforschung wird deshalb von der Archäologie wichtige neue Erkenntnisse erwarten können.

Archäologische Untersuchungen im Kloster Bebenhausen (Abb. 1)

Forschungsgeschichte und Forschungsstand der archäologischen Untersuchungen im Kloster Bebenhausen entsprechen recht genau der allgemein für die Klosteranlagen der Zisterzienser geschilderten Situation.

Eine Besonderheit stellt es allerdings dar, daß hier die ersten „archäologischen" Unternehmungen nachweislich schon im 16. Jahrhundert einsetzten, wie Christian Tubingius, Abt des Klosters Blaubeuren, überliefert. Das Interesse galt bei dieser Unternehmung einer Bodenforschung der Renaissancezeit den Grablegen der Gründerfamilie im Kapitelsaal, des Pfalzgrafen Rudolf I. von Tübingen und seiner Gemahlin Mechthild, deren Überreste offenbar bei der Öffnung zerstört wurden.[10] Die Gräber wurden erneut im Anfang des 18. Jahrhunderts und zuletzt im Zusammenhang der Renovierungsarbeiten 1864 und 1880 untersucht, wobei gleichzeitig auch die Bestattungen der dort beigesetzten Äbte und die dreizehn Sammelgräber im Kreuzgang erforscht wurden.[11] Aus dieser Zeit sind auch die ersten genauen Berichte zu den Grablegen sowie eine Aufmessung der Stiftergräber erhalten.[12] Erstere werden dem Forstrat F. A. von Tscherning verdankt, der im Zuge der „Wiederentdeckung" und Renovierung der Klosteranlage auch die ersten Grabungen, die sich mit baugeschichtlichen Fragen befaßten, durchführte und veröffentlichte. Weitere Grabungen sind in dem Werk von Eduard Paulus über die „Cisterzienser-Abtei Bebenhausen" von 1886 überliefert.[13] Nachgewiesen wurden durch diese Untersuchungen in verschiedenen Bereichen der Klosteranlage unter anderem die abgebrochene Grabkapelle des Abts Konrad von Lustnau am nördlichen Querhausarm der Kirche, östlich davon ein Fundament, sehr wahrscheinlich von einer Totenlaterne, ein Brunnen im Kreuzgarten sowie die Substruktionen eines nicht mehr vorhandenen Gebäudes im Garten östlich des ehemaligen Abtshauses. Außerdem wurden im Bereich des ehemaligen Mönchsfriedhofs weitere Gräber aufgedeckt.

Durch einen ungewöhnlichen „archäologischen" Fund wurde jedoch auch schon die Frage nach der Alltagsrealität der Mönche im Ende der Klosterzeit thematisiert. Beim

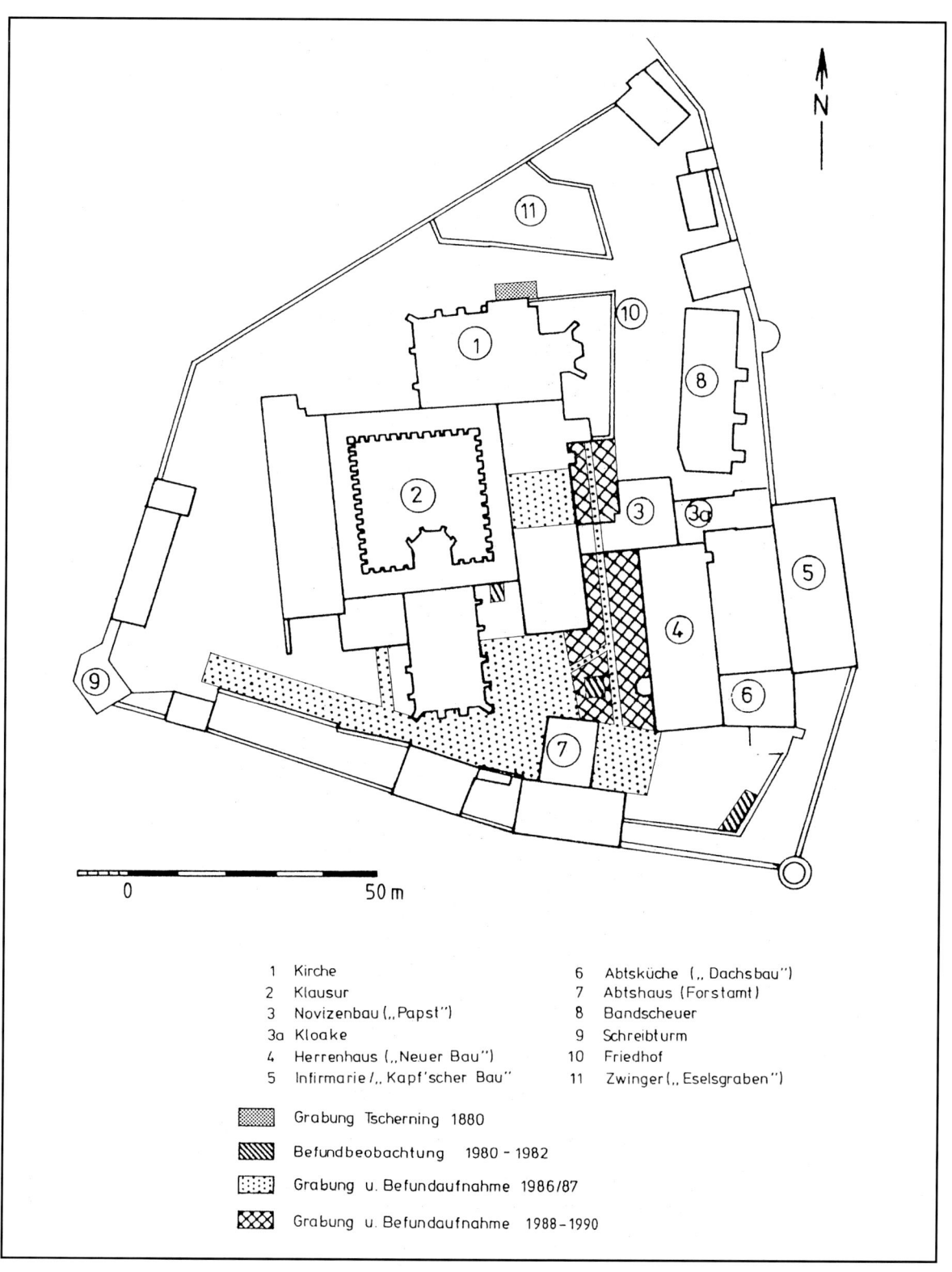

1 Kirche
2 Klausur
3 Novizenbau („Papst")
3a Kloake
4 Herrenhaus („Neuer Bau")
5 Infirmarie/„Kapf'scher Bau"

6 Abtsküche („Dachsbau")
7 Abtshaus (Forstamt)
8 Bandscheuer
9 Schreibturm
10 Friedhof
11 Zwinger („Eselsgraben")

Grabung Tscherning 1880

Befundbeobachtung 1980-1982

Grabung u. Befundaufnahme 1986/87

Grabung u. Befundaufnahme 1988-1990

Abb. 1. Archäologisch untersuchte Bereiche innerhalb der Klosteranlage.

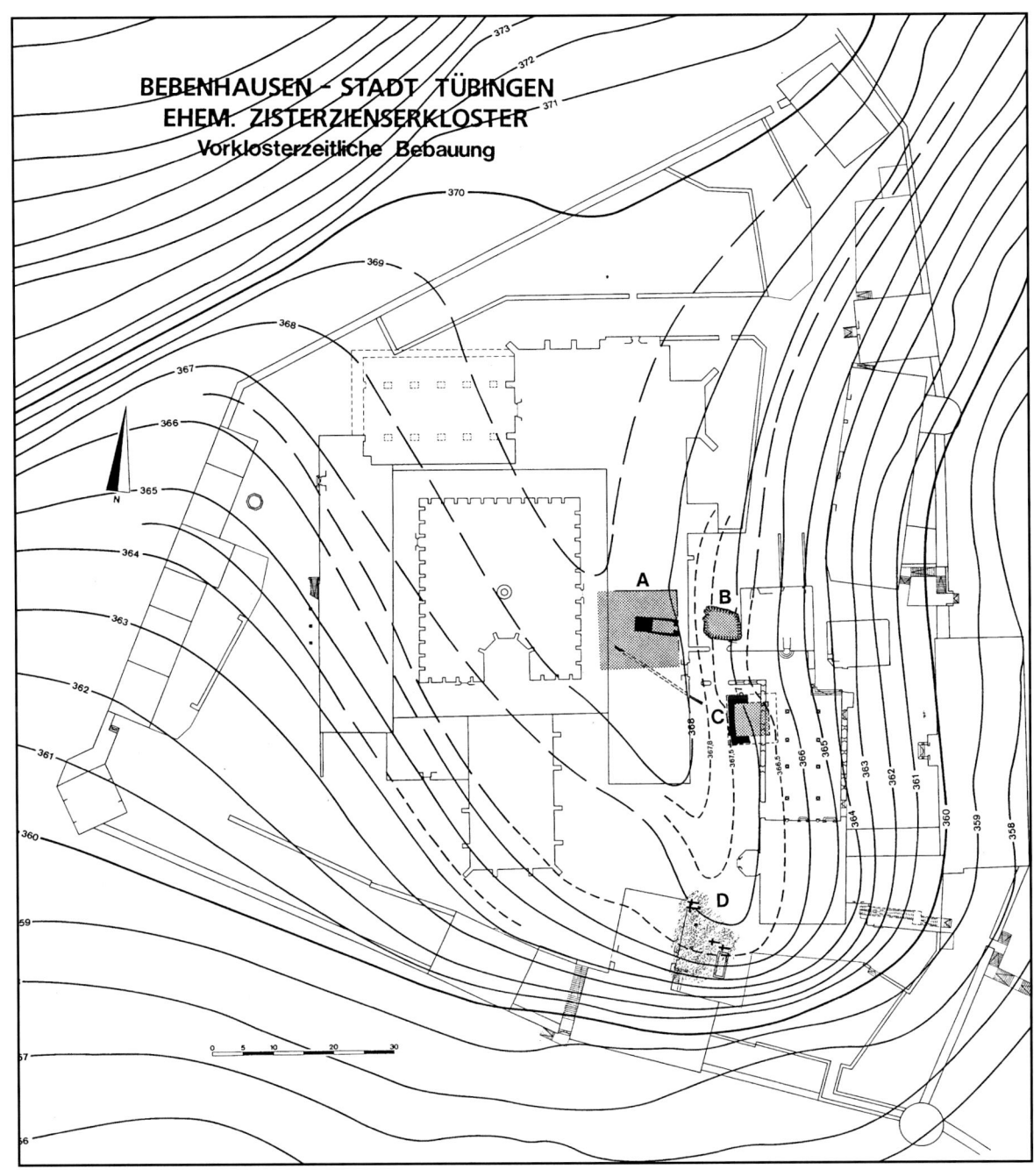

Abb. 2. Die vorklosterzeitliche Bebauung des 11./12. Jahrhunderts.

A Steinbau mit Unterbodenheizung
B Gruppenhaus/Keller
C Wohnturm
D Friedhof

Abbruch der Treppe aus dem Kreuzgang zum Dormitorium wurde 1864 ein Dokument gefunden, auf dem der Mönch Michael Schwartzenberger im Jahr 1531 seinen Besitz aufgelistet hatte.[14] Das oben genannte Spannungsfeld zwischen Ordensideal und Lebenswirklichkeit wird eindrucksvoll dadurch belegt, daß dazu neben einer Ausstattung mit Ordenskleidung, Büchern und einem Rosenkranz aus Korallen auch ein Krug und zwei Becher, mehrere Möbelstücke und drei Gemälde sowie eine Handlaterne, Schere und Messer und schließlich ein Wams, ein paar Beinkleider und mehrere Barette gehörten. Der Konventuale verfügte also auch im Kloster über ein recht umfängliches privates Eigentum.

Über einen Zeitraum von annähernd 100 Jahren liegen dann kaum archäologische Beobachtungen vor.[15] Einigermaßen rätselhaft blieb die Aufdeckung von zwei Bestattungen östlich des ehemaligen Abtshauses im Jahr 1925.[16] Nach der Institutionalisierung einer Archäologie des Mittelalters in der Denkmalpflege von Baden-Württemberg konnten 1980 und 1982 als baubegleitende Maßnahmen kleine Untersuchungen im Zusammenhang der Erneuerung der inneren Wehrmauer (Zwinger) südlich des Abtshauses sowie beim Neubau einer Heizanlage im Hofareal zwischen Sommerrefektorium, Bruderhalle und Neuem Bau durchgeführt werden.[17]

Umfangreiche und den Fragestellungen einer modernen Klosterarchäologie entsprechende Grabungen wurden 1986 begonnen und nach fünf Grabungskampagnen im Jahr 1990 vorläufig abgeschlossen.[18] Ausgelöst durch umfangreiche Renovierungsarbeiten, die das Staatliche Hochbauamt Reutlingen vorwiegend in den Außenflächen südlich und östlich der Klausur, aber auch in deren Innerem durchzuführen beabsichtigte, wurden teils als baubegleitende Beobachtungen, zum größeren Teil aber als systematische Rettungsgrabungen größere Flächen zwischen dem Ost- und Südflügel der Klausur und den jeweils angrenzenden Gebäudetrakten, dem

ehemaligen Abtshaus mit der Abtsküche, dem Neuen Bau (Gästehaus) sowie dem Novizenbau (der sogenannte „Papstbau") untersucht. Innerhalb der Klausur war eine Ausgrabung im ehemaligen Parlatorium erforderlich, wo Sicherungsmaßnahmen an den Innenstützen geplant waren. Bauarchäologische Untersuchungen erfolgten im Erdgeschoß des Novizenbaus sowie dem Kellerraum unter dem Winterrefektorium im Westflügel. Die Neuverlegung der Wasserleitung im Ort Bebenhausen ermöglichte im Jahr 1991 eine Erfassung mittelalterlicher Befunde im ehemaligen Wirtschaftshof des Klosters. In bisher zwei Kampagnen konnten außerdem 1992 und 1994 Untersuchungen in einem der klostereigenen Wirtschaftsbetriebe, der im 15. Jahrhundert arbeitenden Glashütte im kleinen Goldersbachtal, durchgeführt werden (Abb. 28 - 33).[19] Damit wurden spezifische Aspekte einer marktorientierten zisterziensischen Wirtschaftsweise sichtbar.

Die erfaßten archäologischen Befunde und das zahlreiche Fundmaterial sind bisher nur vorläufig und lediglich in Teilen ausführlicher ausgewertet worden.[20] Die umfassende Darstellung aller Ergebnisse wird einer Gesamtgrabungspublikation vorbehalten bleiben. Im folgenden sollen deshalb nur einige Aspekte davon herausgegriffen und kurz dargestellt werden.

Herrensitz und Rheinstraße:
die Bebauung der Vorklosterzeit

Daß eine im Frühmittelalter entstandene und spätestens bei der Klostergründung verschwundene dörfliche Siedlung Bebenhausen mit einer Pfarrkirche existiert hat, von der wesentliche Teile im Besitz des Speyrer Bischofs waren, ist schon seit längerem bekannt.[21] Eine profane Vorgängerbebauung unmittelbar im Bereich des Klosters wurde jedoch bisher nicht in Erwägung gezogen, zumal sich in der schriftlichen Überlieferung zur Klostergründung keinerlei Hinweise auf eine solche finden. Überraschenderweise traten bei den Ausgrabungen im Klosterbereich zahlreiche Überreste einer Bebauung und Nutzung des Platzes zutage, die sich zeitlich vor der Errichtung des Klosters einordnen lassen.[22] Ihre Erhaltung ist fragmentarisch, da sie durch die Baumaßnahmen der Klosterzeit, die weitreichende Eingriffe in die ältere Substanz mit sich brachten, und durch die im Zusammenhang der Klostergründung erfolgten umfangreichen Geländeabtragungen stark gestört worden sind.[23]

Die ältesten nachweislichen Überreste, wenige Pfostengruben und einige keramische Fundstücke, machen eine erste Bebauung in diesem Areal in der späteren Merowingerzeit wahrscheinlich (Abb. 17); die Datierung einer Siedlungsgründung aufgrund des Ortsnamens erfährt dadurch eine Bestätigung.[24] Sehr viel zahlreicher sind die Bau- und Siedlungsbefunde eines jüngeren Abschnitts des 11. und 12. Jahrhunderts, die insgesamt eine eindeutige Interpretation erlauben (Abb. 2).

Im Süden der Klosteranlage, die auf einem schmalen Spornausläufer ca. 25 m über der Talsohle zweier Bachläufe, am Fuß eines sich ca. 100 m darüber erhebenden Bergrückens liegt (Abb. 3), wurden auf dessen äußerster Spitze, östlich des ehemaligen Abtshauses, Teile eines Friedhofs mit fünf beigabenlosen, geosteten Bestattungen erfaßt (Abb. 4). Ihm sind auch die zwei oben erwähnten, schon 1925 entdeckten Gräber zuzuweisen. Umgesetzte menschliche Skelettreste in jüngeren Befunden belegen indirekt eine größere Ausdehnung des Bestattungsplatzes nach Süden oder Westen. Die Orientierung der Bestattungen und das Fehlen von Beigaben weisen ihn als christlichen Friedhof au. Die Art der Beisetzung mit seitlich körperparalleler Armhaltung, wenige Keramikfunde des 11./12. Jahrhunderts aus der Friedhofschicht und die Störung derselben durch eine dendrochronologisch in die Jahre nach 1200, also die erste Bauphase des Klosters, datierte Holzwasserleitung ermöglichen seine Einordnung in die Vorklosterzeit. Sie wird gestützt durch die Lage im Klosterareal, zwischen Abtshaus und Krankenkapelle, später der Abtsküche, wo die Anlage eines Friedhofs zur Klosterzeit kaum vorstellbar ist. Da unter den fünf bestimmbaren Individuen eine Frau und ein Kind waren,[25] muß es sich um einen gemischtgeschlechtlich belegten Gemeindefriedhof handeln. Es liegt sehr nahe, ihn mit der überlieferten, im Zusammenhang der Klostergründung aufgelassenen Pfarrkirche in Verbindung zu bringen, denn daß ein Sakralbau zu diesem Bestattungsplatz gehört haben muß, erscheint zwingend. Dieser kann nur in unmittelbarer Nähe, sehr wahrscheinlich im Bereich der nicht untersuchten oder tiefreichend gestörten Flächen östlich oder westlich davon gelegen haben. Bauliche Überreste, die einer solchen Kirche zugewiesen werden könnten, wurden jedoch nicht erfaßt.

Im Bereich zwischen Parlatorium und Novizenbau, in der Ostbegrenzung von diesem gestört, wurde eine in den Hang eingetiefte Struktur erfaßt, die Außenmaße von 6 x mind. 5,5 m und eine Eintiefung gegenüber dem Außenniveau um ca. 0,80 m aufweist. Es handelt sich entweder um das Untergeschoß eines hier stehenden Holzbaus oder aber um ein eingetieftes Grubenhaus. Auffällig sind die in die Fußbodenschicht eingelagerten kleinteiligen Hölzer als Überreste der ursprünglichen Nutzung, die wohl im Zusammenhang der Vorratshaltung zu sehen ist. Die Anlage ist aufgrund weniger Scherbenfunde datierbar, sie wurde etwa von der zweiten Hälfte des 11. mindestens bis zur Mitte des folgenden Jahrhunderts benutzt (Abb. 17). Sie bestand damit zur gleichen Zeit wie zwei weitere, eindeutiger faßbare und besser interpretierbare Baustrukturen.

Es handelt sich einmal um einen Steinbau mit beheizbarem Erdgeschoß, der in Teilen im Bereich des Parlatoriums unter dem Klausurostflügel erfaßt werden konnte. Der Klausurostflügel gehört zum ersten Bauab-

40

Abb. 3. Kloster Bebenhausen. Historische Darstellung um 1850. Die topographische Lage auf einem Sporn oberhalb der Täler von Goldersbach und Seebach ist gut erkennbar.

Abb. 4. Kloster Bebenhausen. Bestattung im vorklosterzeitlichen Friedhof.

Abb. 5. Die vorklosterzeitliche Heizanlage unter dem Ostflügel der Klausur, gestört von den Fundamenten der Säulen des Parlatoriums, letzter Bauzustand. Im Vordergrund der Bedienungsraum mit vermauertem Zugang und Abschnürung durch eine Mauerzunge, dahinter der Ofen mit den Resten des Ofengewölbes.

schnitt des Klosters, wie die dendrochronologische Datierung des Dachstuhls auf 1217 belegt, nachdem schon 1191 das Dach über dem südlichen Querhaus der Kirche aufgeschlagen worden war.[26] Von den Fundamenten des älteren Steinbaus waren, in die Fundamentierung des Parlatoriums integriert, nur geringe Reste einer untersten Steinlage erhalten, die oberen Bereiche sowie alle Fußbodenhorizonte sind infolge der schon genannten flächenhaften Abtragungen bei Errichtung der Klausur verschwunden. Auffällig ist eine Fluchtabweichung gegenüber den späteren Klausurgebäuden.

Dem Steinbau läßt sich eine bei der Errichtung des Parlatoriums zerstörte Heizanla-

ge zuweisen. Diese wurde als Untergeschoß unter dem zuvor dort stehenden Gebäude in eine natürliche Geländesenke eingebaut. Sie bestand in ihrer ersten Bauphase aus einem über einen Treppenzugang von Osten her erschlossenen Bedienungsraum und dem westlich davor angeordneten Ofen mit einem Feuerraum von 1,00 m Breite und 2,00 m Länge. Seine aus größeren Kalksteinquadern aufgemauerten Wandungen waren ohne Zwischenräume unmittelbar an die Außenbegrenzungen der Heizkammer gerückt, die im unteren Teil aus dem anstehenden geologischen Untergrund gebildet wurden. Vom Ofengewölbe ist, ebenso wie von der Überwölbung der Heizkammer und der Abdeckung des Bedienungsraums, nichts erhalten.

Trotz ihrer vor allem im Ofenbereich nur noch rudimentären Erhaltung läßt sich die Heizanlage zweifelsfrei als eine Unterbodenheißluftheizung des durch zahlreiche ergrabene und erhaltene Beispiele bekannten Typs ansprechen.[27] Ihr Funktionsprinzip wird erheblich deutlicher ablesbar an den Überresten der zu Beginn der Klosterbauzeit erfolgten Umbau- und Erneuerungsphase (Abb. 5). Dabei wurde der Feuerungraum mit einem Gewölbe aus sekundär vermauerten Dachziegeln versehen, die Brennkammer verkleinert, um Platz für Wärmespeichersteine zwischen ihren Begrenzungswänden und den Außenmauern zu schaffen, und der Vorraum durch zwei Mauerzungen abgeteilt, um den Luftzug zu verbessern.[28] Der zugehörige Bau bestand also bei der Gründung einer Klosteranlage noch und wurde offenbar zur vorläufigen Unterbringung des Konvents solange genutzt, bis sein Abbruch im Zuge des Baufortschritts an den Ostteilen der Klausur unumgänglich war. Seine genaue Grundrißform ist ebenso wenig zu klären wie eine eventuelle Mehrgeschossigkeit. Er kann, nach dem Ausmaß der Heizanlage zu schließen, jedoch nicht klein gewesen sein. Sicher ist, daß er einen ebenerdigen Raum besessen hat, der mittels der

Unterbodenheizung erwärmt werden konnte. Das Vorhandensein der Heizanlage weist ihm und damit der vor Errichtung des Klosters bestehenden Bebauung darüber hinaus einen gewissen Rang zu, denn derartige Heizsysteme sind bisher nur in Pfalzen, bedeutenden Burgen, Klöstern und, allerdings erst im Spätmittelalter, auch in Rathäusern und vereinzelt in Bürgerhäusern belegt.[29] Schließlich läßt das gewählte Heizsystem darauf schließen, daß der damit erwärmbare Raum nicht zu Wohnzwecken genutzt worden ist, denn das Heizen des Ofens und die Wärmeabgabe mußten in zwei getrennten Vorgängen erfolgen, eine Dauerbeheizung war nicht möglich.[30] Das bisher belegbare Vorkommen solcher Heizungen konzentriert sich deshalb außerhalb des monastischen Bereichs auf Versammlungsräume, etwa in Pfalzen oder Rathäusern. Eine entsprechen-

de Nutzung kann also auch für das beheizbare Geschoß des Baus unter dem Klausurostflügel in Bebenhausen angenommen werden, zumal die Unterbodenheißluftheizungen sicher zurecht als das Heizungssystem für „gehobene Ansprüche" bezeichnet werden können.[31]

Verhältnismäßig gut faßbar sind die Reste eines dritten Gebäudes, das ebenfalls einer Bebauung der Vorklosterzeit angehören muß. Von ihm sind, teils noch als Fundament (Abb. 6) von ca. 1,30 m Stärke erhalten, teils als Ausbruchgruben faßbar, drei Außenwände nachgewiesen. Auch zu diesem Bau sind keinerlei Nutzungshorizonte erhalten. Sein Ostfundament wurde durch die Errichtung der ersten Infirmerie des Klosters anstelle des späteren Neuen Baus zerstört. Von den Gesamtausmaßen ist daher nur die Nord-Süd-Ausdehnung mit 8 m ge-

Abb. 6. Fundamentrest und Ausbruchgrube eines kleinen Steinbaus, wahrscheinlich eines Wohnturms.

samt und ca. 5,40 m im Lichten erfaßt. Die Fundamentstärke läßt auf einen mehrgeschossigen Aufbau, ganz oder teilweise in Stein, schließen. Da die Geländesituation eine Ausdehnung weit nach Osten kaum wahrscheinlich macht, kann die Rekonstruktion eines quadratischen oder rechteckigen Grundrisses und somit eine Deutung als kleiner Wohnturm angenommen werden.

Das Gebäude wurde im Zusammenhang mit der Errichtung der Klostergebäude niedergelegt. Im Verfüllschutt der Fundamentausbruchgruben und den zugehörigen Abbruchhorizonten waren Funde enthalten, die Aussagen zur Bauausführung und Nutzung ermöglichen. Es handelt sich zum einen um Fragmente sehr großer Hohlziegel als Überreste einer Dachdeckung (Abb. 19). Sie fanden sich auch in der Verfüllung der nördlich davon gelegenen Grube und unterscheiden sich in charakteristischer Weise von jenen Hohlziegeln, die der ersten Klosterbauphase zugerechnet werden müssen und die auch für die Konstruktion des Gewölbes über der erneuerten Ofenkammer der Heizanlage Verwendung fanden (Abb. 20). Überreste der Innenausstattung des Baus sind Fragmente von topf- und becherförmigen Ofenkacheln, die eine Beheizung mindestens eines Raums mit einem Kachelofen belegen (Abb. 18). Sie gehören zu den ältesten in unserem Raum nachweisbaren Ofenkacheln überhaupt und treten im 11. Jahrhundert bisher nahezu ausschließlich an Plätzen von gehobenem Rang, wie etwa dem Runden Berg bei Urach, der Burg Beutelsbach oder dem Herrensitz unter der Sindelfinger Stiftskirche auf.[32] Der mit ihrer Hilfe beheizte Raum dürfte zu Wohnzwecken genutzt worden sein.

Zur Datierung des Gebäudes lassen sich neben den beschriebenen Ofenkacheln weitere Keramikfunde heranziehen, die in das 11. Jahrhundert datieren. Die Verfüllung der Ausbruchgruben, in die keramisches Material der Aufgabezeit gelangt ist, enthält jüngere Formen des 12. Jahrhunderts (Abb. 18).

Keramische Funde, die gesichert dem 13. Jahrhundert zuzuweisen wären, fehlen. Die Aufgabe dieses Baus unmittelbar im Zusammenhang mit ersten klosterzeitlichen Bauaktivitäten vor 1200 findet also im Fundmaterial eine Bestätigung.

Zusammengefaßt ergeben die archäologischen Zeugnisse einer vorklosterzeitlichen Besiedlung das Bild einer Ansiedlung, zu der Spuren einer nicht näher differenzierbaren Bebauung seit der ausgehenden Merowingerzeit sowie ein christlicher Friedhof und damit indirekt belegt ein Sakralbau gehören. Ihre Lage ist neben der topographischen Situation auf dem schmalen Spornausläufer, der nach drei Seiten abfällt, durch die unmittelbare Beziehung zu einer bedeutenden Fernverbindungsstraße gekennzeichnet, die mit sehr hoher Wahrscheinlichkeit diese Ansiedlung räumlich direkt berührt hat. Die sogenannte „via Rheni" war Teil einer wichtigen Nord-Süd-Verbindung vom Rheinland über die Schwäbische Alb nach Oberschwaben und von dort über die Alpen nach Italien. Ein Bestehen wird für sie schon in römischer Zeit vermutet, sie ist im Zusammenhang der Klostergründung zum Jahr 1191 schriftlich belegt, ihr Verlauf durch den Schönbuch über Geländespuren und Wegebezeichnungen gesichert.[33] Sie behielt auch noch nach der Errichtung des Klosters ihre Bedeutung bei.

Seit etwa der Mitte des 11. Jahrhunderts erfährt diese Ansiedlung einen Ausbau, der eine veränderte Nutzung bezeugt. Es entsteht ein kleines, steinernes und sehr wahrscheinlich mehrgeschossiges, ziegelgedecktes und beheizbares Gebäude, das nach Osten, an die Hangkante gerückt, errichtet wird. Eine Deutung als Wohnturm erscheint gesichert. Nordwestlich davon wird auf dem Plateau des Sporns ein weiterer Bau, ebenfalls aus Stein errichtet. Er weist einen ebenerdigen Raum auf, der mit einem aufwendigen Beheizungssystem ausgestattet wird und als Saalgeschoß gedeutet werden kann. Hinzu kommen Nebenanlagen untergeordneter Funktion. Über das Vorhandensein weiterer zugehöriger Bauten lassen sich keine Aussagen machen. Das Fortbestehen von Friedhof und Kirche ist ebenfalls archäologisch gesichert, denn sie existieren bei der Gründung des Klosters noch. Insbesondere die beiden Steinbauten weisen die Anlage in dieser Ausbauphase als sicher nicht ländliche Siedlung aus, wie dies für die Anfänge noch denkbar wäre. Sie hat vielmehr spätestens jetzt den Charakter eines Herrensitzes. Die Verknüpfung von Herrschaftssitz und Kirche fügt sich gut in das bisher bekannte Bild einer häufig nachzuweisenden und engen beiderseitigen Beziehung ein,[34] wobei die Grabung leider keine Hinweise dazu erbracht hat, ob und in welcher Weise Friedhof und Kirche mit den dem Herrensitz zuweisbaren Bauten verbunden waren. Auch eine Befestigung ist bisher nicht nachgewiesen.

Die Anlage des festen Sitzes an dieser Stelle dürfte in einem ursächlichen Zusammenhang mit dem hier vorbeiführenden Fernweg stehen. Schutz und Kontrolle dieser Straße können als wesentlicher Grund für seine Entstehung angenommen werden. Seine Lage bot einen ausgezeichneten Überblick über ihren Verlauf nach Süden hin über mehrere Kilometer bis zur Furt über den Neckar. Zudem nimmt er eine strategisch äußerst günstige Position ein, und zwar genau dort, wo die Straße die Talniederung verläßt und zu den Höhenrücken des Schönbuchs ansteigt, um diese zu queren.

Da zu diesem Herrensitz bislang keine schriftliche Überlieferung bekannt ist, bleibt offen, ob die Pfalzgrafen von Tübingen, die Stifter des Klosters, als seine Erbauer betrachtet werden können. Gesichert erscheint jedoch, daß sie vor Errichtung einer klösterlichen Niederlassung an diesem Platz darüber verfügten. Er sicherte für sie die Zugriffsmöglichkeit auf eine bedeutende Fernstraßenverbindung und bildete dadurch eine wichtige Ergänzung zur nahegelegenen, namengebenden Burg und der Marktsied-

lung Tübingen. Seine Bedeutung läßt sich daran ablesen, daß man ihn als den Ort auswählte, an dem das Hauskloster der Pfalzgrafen mit dem Erbbegräbnis der Familie angelegt wurde.

Die Entdeckung des Herrensitzes wirft zugleich ein neues Licht auf die topographische Lage des Klosters und verdeutlicht die Rahmenbedingungen, denen die Platzwahl für die Klostergründung unterlag. Diese entspricht, was bisher kaum Beachtung fand, keineswegs der für die Zisterzienserklöster typischen Lage in einem Tal, abgesondert von weiteren Ansiedlungen und häufig in einem Waldgebiet.[35] Das Kloster wurde vielmehr zum einen unmittelbar angrenzend an seit dem Frühmittelalter dicht besiedeltes Gebiet, in vergleichsweise geringer Entfernung von der aufblühenden Stadt Tübingen mit der Burg der Pfalzgrafen errichtet. Das große Waldgebiet des Schönbuchs, an dessen Rand es errichtet wurde, war schon seit der Merowingerzeit erheblich durch Rodungen von den Rändern her zurückgedrängt. Es liegt zum anderen auch keineswegs, wie in den Kapitelbestimmungen gefordert, „fern vom Verkehr der Menschen",[36] sondern wurde, wie oben dargelegt, unmittelbar an einer Fernstraße angelegt, die nach der Errichtung des Klosters durch dessen Areal selbst, im Wirtschaftshof zwischen der inneren und äußeren Klostermauer, verlief. Schließlich wurde es auch nicht, wie aufgrund der gegebenen topographischen Situation naheliegend, in der Talniederung errichtet, sondern, wie beschrieben, auf dem Spornausläufers des das Tal begrenzenden Höhenrückens ca. 25 m über der Talsohle von Seebach und Goldersbach. Dadurch ergaben sich erhebliche Probleme bei der Wassernutzung. Das Trinkwasser mußte aus Quellen über Leitungen herbeigeführt werden, Brauchwasser stand im Kloster selbst nur eingeschränkt zur Verfügung, Mühlen und Mühlkanal liegen unterhalb des Klosters.

Die für ein Zisterzienserkloster atypische

Abb. 7. Gemauertes Blockfundament im Hof östlich der Bruderhalle, vielleicht Teil eines zur Prämonstratensergründung gehörigen Gebäudes.

Lage, soweit überhaupt registriert, wurde bisher mit der Vorgängergründung durch die Prämonstratenser erklärt.[37] Erstaunlich bliebe in diesem Fall, warum bei der Übernahme durch die Zisterzienser keine Verlegung an eine geeignetere Stelle erfolgte, wie es für andere Gründungen des Ordens häufiger belegt ist, genannt seien etwa Maulbronn, Otterberg in der Pfalz, Altenberg im Rheinland oder Himmerod in der Eifel.[38]

Die Aufdeckung des zuvor dort bestehenden Herrensitzes bietet nun eine schlüssige Erklärung für diese Standortwahl. Die Pfalzgrafen hatten offensichtlich ein erhebliches Interesse daran, einen für sie wichtigen Platz auch weiterhin indirekt unter ihrer Kontrolle zu behalten. Aus diesem Grund mußte das Kloster an dieser Stelle errichtet werden. Die Platzwahl erscheint so vorgegeben durch die materiellen Interessen der Klostergründer, deren Position gegen-

über dem neuen Kloster so stark war, daß die Mönche die ihren spirituellen Bedürfnissen entsprechenden, festgelegten Vorgaben für die Lage ihres Klosters dagegen nicht durchsetzen konnten. Möglicherweise erklärt sich hieraus auch die erstaunliche Tatsache, daß in der schriftlichen Überlieferung zur Gründung und Frühgeschichte des Klosters die Vorgängeranlage eines Herrensitzes nirgends faßbar wird. Um die Dominanz der materiellen Ansprüche der Stifterfamilie gegenüber den durch die Ordensvorschriften vorgeschriebenen geistlichen Vorgaben bei der Standortwahl nicht deutlich werden zu lassen, könnte sie in der klostereigenen Tradition verschwiegen worden sein. Bebenhausen erscheint somit nun als ein weiteres Beispiel in der Reihe entsprechender klösterlicher Anlagen, zu deren Errichtung eine Burg oder ein Herrensitz aufgelassen wurde, wobei durch die Vergabe in

46

geistliche Hand nicht zuletzt seine „Neutralisierung" erreicht und das Festsetzen eines unerwünschten Gegners an einem für die Familie wichtigen Platz verhindert werden konnte.[39]

Die versuchte Gründung eines Prämonstratenserklosters

Bei der Diskussion der Gründungsüberlieferung des Klosters hat bisher vor allem die Frage einer Vorgängeranlage des Prämonstratenserordens die Forschung beschäftigt.[40] Sie ist quellenmäßig mehrfach, wenn auch schlecht überliefert und wird wenige Jahre vor dem ersten sicheren Gründungsbeleg 1187 und dem Einzug der Zisterzienser nach 1188 angenommen. Daß die Kirche noch während dieser ersten versuchten monastischen Gründung begonnen worden sein könnte, wird in der jüngsten Bearbeitung von Kirche und Klausur vermutet.[41]

Erst im letzten Grabungsabschnitt im Frühjahr 1990 gelang es, archäologische Befunde aufzudecken, die möglicherweise, wenn auch erst nach der Gesamtgrabungsauswertung endgültig absicherbar, einem solchen Gründungsversuch zuzuweisen sind (Abb. 7). In der Hoffläche zwischen dem Neuen Bau und der Bruderhalle fanden sich, teils noch erhalten, teils als Ausbruchgrube faßbar, Reste von mehreren großen Blockfundamenten in annähernd regelmäßigem Abstand. Sie werden von Schichtbefunden, die zur ersten Bauphase der bestehenden Klosteranlage gehören, überdeckt, stören ihrerseits aber die Befunde der Vorklosterzeit. Sie sind am wahrscheinlichsten als Stützenfundamente eines größeren, mehrschiffigen Gebäudes zu deuten, das sich nicht in das Planschema des bestehenden Klosters einbinden läßt und dieser Anlage unmittelbar vorangegangen sein muß. Ob es jemals über die Fundamentierung hinaus gedieh und wie seine Gesamtdimensionen waren, bleibt allerdings immer noch offen.

Abb. 8. Das Ostfundament des Herrenrefektoriums mit Baufuge zwischen dem romanischen Teil (rechts) und der Verlängerung von 1335.

Abb. 9. Fundament des Anbaus an die Infirmerie („circuitus") im Hofbereich westlich des Neuen Baus.

Neue Ergebnisse zur Baugeschichte

Neben den baulichen Überresten, die der Nutzung der Anlage als evangelische Klosterschule von 1556 bis 1807 und anschließend als Jagdschloß der württembergischen Könige zuzuordnen sind und auf die hier nicht näher eingegangen werden kann, wurde eine große Zahl von Befunden erfaßt, die sich den Baumaßnahmen der Zeit des Zisterzienserklosters zuweisen lassen. Allerdings haben Abplanierungen und Bodeneingriffe im Zuge der Renovierungsmaßnahmen des 19. Jahrhunderts deren Erhaltungszustand zum Teil erheblich beeinträchtigt, so daß ihre genaue zeitliche Einordnung nicht immer sicher möglich ist. Ergraben wurde das Ostfundament der Klausur, bei dem sich erwies, daß es gegenüber der zum Kapitelsaal gehörigen, nach Osten vorspringenden Johanneskapelle das ältere war, diese also nicht, wie von der Bauforschung lange vermutet, den ältesten Teil der Klausur darstellt.[42] Auch das Ostfundament des romanischen Refektoriums der Priestermönche konnte erfaßt werden (Abb. 9). Seine Erstreckung nach Süden war um 0,60 m kürzer als die des von Konrad von Lustnau 1335 vollendeten heutigen Sommerrefektoriums.[43] Der noch bestehende Keller unter dem 1532 errichteten Neuen Bau ließ sich als Bestandteil von dessen Vorgänger, der ehemaligen Infirmerie (Krankenhaus der Mönche), bestimmen, die nach der schriftlichen Überlieferung 1289 unter Abt Friedrich erbaut wurde.[44] Außerdem konnten die Überreste eines der westlichen Flucht der Infirmerie vorgelagerten Anbaus erfaßt werden (Abb. 8), bei dem es sich wohl um einen überdeckten Gang gehandelt haben muß,[45] ähnlich jenem, der das Abtshaus mit dem Ostflügel der Klausur verband. Dessen Punktfundamentierungen wurden östlich der Bruderhalle im Hof zwischen dieser und dem Neuen Bau ebenfalls ergraben.

Zu den der Klosterzeit zuweisbaren Befunden gehört auch das Fundament der 1864

Abb. 10. Das Fundament der im Parlatorium gelegenen Treppe aus dem Kreuzgang zum Dormitorium.

entfernten Treppe vom Kreuzgang zum Dormitorium der Priestermönche, die innerhalb des Parlatoriums lag (Abb. 10). Reste eines Gebäudes, das durch die 1507 östlich des Abtshauses errichtete Abtsküche bzw. den Südteil des Neuen Baus ersetzt wurde, fanden sich vor dessen westlicher Gebäudeflucht. Es handelt sich um einen Holzbau mit Stützen auf Unterlagsteinen und dazwischen eingefügten Schwellen. Das zugehörige Fundmaterial weist auf eine Errichtungszeit im 14. Jahrhundert. Die Identifikation mit der unter Abt Konrad von Lustnau im 14. Jahrhundert errichteten „domus abbatum lignea minor" (kleines hölzernes Haus des Abts)[46] wird durch die räumliche Nähe zum eigentlichen Abtshaus, dem heutigen Forstamt, gestützt, das der dendrochronologischen Datierung des Dachstuhls zufolge 1339 errichtet wurde.[47]

Verhältnismäßig gut faßbar sind die umfangreichen Veränderungen im südlichen Außenbereich der Klausur, die sich in Zusammenhang mit den Baumaßnahmen des 14. Jahrhunderts bringen lassen, wo neben dem Refektorium der Herrenmönche auch, wie erwähnt, das Abtshaus neu errichtet wurde.

Abb. 11. Reste einer Außentreppe im Hofbereich zwischen Bruderhalle und Abtshaus.

Bei Errichtung der Klausur fiel hier das Gelände noch erheblich steiler nach Süden und Westen ab, als dies heute erkennbar ist. Deshalb wurde vor dem Südende des Klausurostflügels eine Außentreppe angelegt, von der noch mehrere Stufen in situ erhalten waren (Abb. 11). Sie wird, wie die im Südwesten der Klosteranlage vor der ehemaligen Küche und dem Zugangsbereich beim Torturm erfaßten Reste von mit Holzplanken befestigten Wegen, überlagert von mächtigen Planierungen, durch die das Gelände aufgehöht, die Höhendifferenzen egalisiert und das Plateau, auf dem das Kloster steht, nach Süden hinausgeschoben und so vergrößert wurde.

Im Westflügel konnte bei der Untersuchung der dort im Zusammenhang der Einrichtung des Winterrefektoriums im Ende des 15./Anfang des 16. Jahrhunderts angelegten Heizanlage im Untergeschoß ein bisher unbekannter und vollständig verfüllter Kellerraum festgestellt werden. Er läßt sich mit der unter Abt Friedrich zwischen 1281 und 1305 überlieferten Erbauung eines „Cellariums" in Verbindung bringen.[48]

Von den außerhalb des engeren Klosterareals im Bereich des heutigen Dorfes nachgewiesenen Befunden seien die Fundamentreste der Leutkirche, der sogenannten Hailakapelle, erwähnt, die 1823 abgebrochen wurde.[49]

Als ursprüngliche Bestandteile der Dachdeckung verschiedener Bauten im Kloster sind zahlreiche Dachziegelfragmente geborgen worden, darunter mehrere Fehlbrände, die einen sicheren Hinweis darauf geben, daß sie in der klostereigenen Ziegelhütte produziert worden sind (Abb. 20 und 21). Die Anzahl verschiedener Typen ist sehr groß,

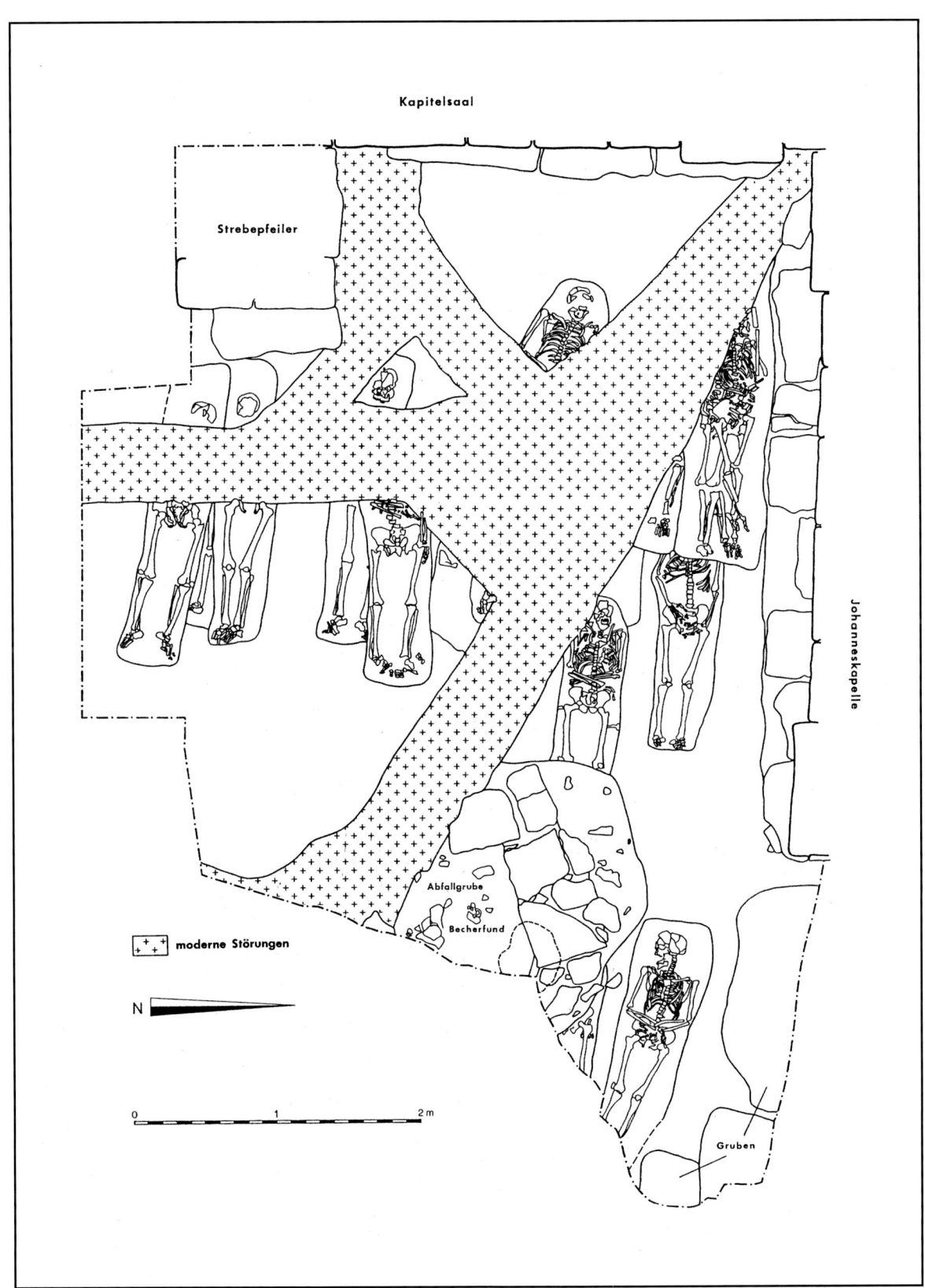

Kapitelsaal

Strebepfeiler

Johanneskapelle

Abfallgrube

Becherfund

moderne Störungen

N

0   1   2 m

Gruben

Abb. 13. Wasserleitung aus in Mörtel verlegten Hohlziegeln auf Unterlagsteinen im Hof zwischen Bruderhalle und Abtshaus.

Abb. 14. Wasserleitung aus ausgehöhlten Baumstämmen (sog. „Teuchel") im Hofbereich zwischen Abtshaus und Neuem Bau.

wobei neben Hohlziegeln vom Mönch-Nonnen-Typ (Abb. 20) auch Flachziegel (Abb. 21) vertreten sind, die seit dem 13./14. Jahrhundert Verwendung in Bebenhausen fanden. Handwerkliche Produktion im Kloster selbst ist nachgewiesen durch eine zwischen Klausurostflügel und Novizenbau gelegene und von dessen Fundament zum größeren Teil zerstörte Buntmetallgußanlage. Sie kann in das 14. Jahrhundert datiert werden und diente wohl zum Guß einer im Kloster verwendeten Glocke.

Zahlreich sind die Befunde zur Infrastruktur der mittelalterlichen Klosteranlage und ihrer nachklosterzeitlichen Nutzung. Der

Abb. 12. Separatgrablege östlich des Kapitelsaals und Rest einer im Ende der Klosterzeit verfüllten Abfallgrube.

Feststoffentsorgung diente eine ebenfalls im Hofbereich zwischen dem Novizenbau und dem Kapitelsaal angelegte Abfallgrube, die unmittelbar nach dem Ende der Klosterzeit verfüllt worden ist. In ihr fanden sich zahlreiche Reste von Tongeschirr, darunter auffallend viele Trinkbecher, die von den Klosterinsassen benutzt worden sein müssen (Abb. 12). Sie ist eingetieft im Bereich eines kleinen Separatfriedhofs, der sich außen an den Kapitelsaal anschließt und in dem, der vorläufigen anthropologischen Bestimmung zufolge,[50] wohl Angehörige von Wohltäterfamilien des Klosters beigesetzt waren.

Die Wasserversorgung für die Zwecke der Ernährung und der Körperpflege und zur Speisung des Brunnens in der Brunnenkapelle ebenso wie die Nutzung von Wasser im Kontext der Entsorgung spielt in den Zisterzienserklöstern eine besondere Rolle. Es erstaunt daher nicht, daß Be- und Entwässerungsleitungen innerhalb des Klosterareals in großer Zahl angeschnitten wurden. Nachgewiesen sind sehr unterschiedliche Ausführungen und verschiedenartige Konstruktionen. So finden sich eine Rinne aus parallel liegenden Hölzern mit Hohlziegelabdeckung, als Rohrleitung verlegte, vermörtelte Hohlziegel in Steinbettung (Abb. 13), tönerne, innen glasierte Leitungsrohre und schließlich Holzwasserleitungen aus ausgehöhlten Baumstämmen mit Metallmuffen, sogenannte „Teuchel" (Abb. 14). Ihre genaue Bearbeitung, vor allem die chronologische Differenzierung und die Zuordnung zu einzelnen Bauten oder Räumen, steht noch aus.

Zwischen Ordensideal und Lebenswirklichkeit: Ein neues Bild vom Alltag im Kloster

Durch die Befunde und Funde der Grabung werden, wie oben schon erwähnt, für die Mönche und ihre Nachfolger, die Insassen der evangelischen Klosterschule, die materiellen Bedingungen der Alltagsrealität und verschiedener Lebensbereiche erhellt und dokumentiert. Dies gilt etwa für die Zubereitung und den Verzehr der Nahrung, die vor allem durch Bruchstücke von Koch-, Eß- und Trinkgeschirr belegt ist (Abb. 23), unter denen die zahlreichen Trinkbecher aus Keramik, aber auch aus Glas auffallen (Abb. 25 und 26). Bemerkenswert sind darunter Bruchstücke von Geschirr aus Keramik, die nachträglich mit einer Markierung, zum Beispiel mit einem Kreuz, versehen wurden (Abb. 23). Derartige Kennzeichnungen von Gefäßen sind auch in anderen Konventen durch Ausgrabungsfunde nachgewiesen. Sie können entweder als Markierung durch einen Besitzer oder Nutzer gedeutet werden oder aber auch als eine Kennzeichnung der Verwendung zu einem bestimmten Zweck oder für einen bestimmten Benutzerkreis wie Novizen oder Kranke.[51] Auch ein in die früheste Klosterzeit datiertes Aquamanile

(Gießgefäß) mit Widderkopf, das zur Handwaschung diente, könnte von den ersten Mönchen in Bebenhausen genutzt worden sein (Abb. 22).

Besonders interessante Ergebnisse haben die archäologischen Untersuchungen zum Thema der Raumheizungslösungen im Kloster erbracht. Dies mag zunächst erstaunen, denn gemäß der Ordensregel war nur ein einziger heizbarer Raum vorgesehen, das Calefaktorium, in dem sich die Mönche zu bestimmten Zeiten aufwärmen konnten, wo ihnen Bart und Tonsur geschnitten und sie zur Ader gelassen wurden.[52] Es ist in Bebenhausen nicht erhalten und offenbar vor 1511/12 abgegangen.[53] Seine Lage läßt sich zwischen der Bruderhalle und dem Sommerrefektorium rekonstruieren.[54] Es dürfte mit hoher Wahrscheinlichkeit mit einer Steinofenspeicherheißluftheizung ausgestattet gewesen sein, wie sie auch die vorklosterzeitliche Heizanlage unter dem Parlatorium zeigt, und wie sie in zahlreichen Calefaktorien des Hoch- und Spätmittelalters nachgewiesen ist.[55] Da allerdings bei einer im Jahr 1982 erfolgten Baustellenbeobachtung im Bereich seiner vermuteten Lage keine Überreste einer solchen erfaßt wurden,[56] ist es wahrscheinlich, daß der Heizraum ebenerdig angelegt wurde und sich der zugehörige Wärmeraum im darüberliegenden Geschoß befand. Eine entspreche Anordnung findet sich in dem noch erhaltenen Calefaktorium des Klosters Maulbronn.[57] Zahlreiche Funde von Ofenkacheln des 13. bis 15. Jahrhunderts, die vor allem in den Hofbereichen geborgen wurden, belegen jedoch, daß es weitere Räumlichkeiten innerhalb der Klosteranlage gab, die mittels Kachelöfen beheizt werden konnten (Abb. 24). Leider ist deren Lage und Funktion nicht genau faßbar. Neben schmucklos und funktional gestalteten Öfen, denen die einfachen Kacheltypen wie Becher-, Schüssel- und Napfkacheln zuzuweisen sind,[58] muß es jedoch auch aufwendig und repräsentativ gestaltete Öfen gegeben haben, die ein anspruchsvolleres Wohnumfeld dokumentieren. Es handelt sich dabei um Öfen, die aus großen Halbzylinder- oder Nischenkacheln mit einer dekorativen Gestaltung des Vorsatzblatts (Abb. 34 und 35) zusammengesetzt und Ausdruck einer gehobenen adlig-bürgerlichen Wohnkultur sind, wie die Funde etwa aus Burgen aber auch aus Städten zeigen.[59] Da sie sich in das spätere 14. respektive in das 15. Jahrhundert einordnen lassen, könnten sie zur Ausstattung des Abtshauses gehört haben, das, wie oben erwähnt, 1339 neu erbaut worden ist. Die Äbte Konrad von Lustnau, der Bauherr, wie auch seine Nachfolger Werner und Peter von Gomaringen könnten als Angehörige von Familien, die Ministeriale der Tübinger Pfalzgrafen waren, durchaus ihr Selbstverständnis durch eine solche Ausstattung dokumentiert haben.

In der Spätphase der Klosterzeit, zwischen der Mitte des 15. Jahrhunderts und der Auflösung des Konvents, wurde durch die Reformen in den Klöstern der alten Orden der Alltag der Mönche wesentlich verändert, wie

sich etwa am Beispiel der Einrichtung der Zellendormente zeigt.[60] Dies betraf auch die Raumheizungen insofern, als nun weitere Räume im Kloster damit ausgestattet und so die Zahl der heizbaren Räume vermehrt wurde. Zwei Heizanlagen im Kloster Bebenhausen, die dieser Phase zuzurechnen und in wesentlichen Teilen noch erhalten sind, haben bisher in der Forschung wenig Aufmerksamkeit gefunden. Durch bauarchäologische Untersuchungen konnten hierzu neue Erkenntnisse gewonnen werden.

So wurde zum Beispiel im Obergeschoß des ehemaligen Novizenbaus ein Wärmeraum eingerichtet, der möglicherweise das ältere Calefaktorium ersetzte.[61] Die Anlage, in der schriftlichen Überlieferung im Jahr 1500 „hypokaustum" genannt,[62] entsprach offenbar weitgehend dem in Maulbronn noch erhaltenen Calefaktorium. Während der Wärmeraum durch eine moderne Nutzung stark verändert ist, hat sich im Erdgeschoß ein auffallend großer Heizraum von 4,80 m Länge und 3,80 m Breite erhalten, der mit einer Tonne von 4 m Scheitelhöhe überwölbt

Abb. 15. Das Gewölbe des Heizraums im ehemaligen Novizenbau mit Abzugsschacht und vermauerten Austrittsöffnungen für die Warmluft im darüberliegenden Raum.

Abb. 16. Bedienungsraum der Heizanlage unter dem Winterrefektorium. Ostwand mit vermauerter Ofenöffnung, im Gewölbe der große Abzugsschacht für die Warmluft.

ist.[63] Hier sind, in zwei Reihen angeordnet, noch jeweils fünf Öffnungen erkennbar, durch welche die Warmluft in den darüberliegenden Raum geführt werden konnte (Abb. 15). Überreste eines Abzugs an der südlichen Innenwand und starke Rußspuren belegen darüber hinaus eine entsprechende Nutzung. Ob, wie in der Literatur bisher vermutet,[64] dieser Raum insgesamt als Heizkammer diente oder ob darin eine Ofenanlage aufgestellt war, wofür der noch erhaltene Türzugang mit darüberliegender Abzugsöffnung spricht, ist noch nicht geklärt.

Eine weitere Heizanlage vergleichbarer Zeitstellung fand sich innerhalb der Klausur. Sie wurde im Westflügel unter dem ehemaligen Refektorium der Konversen eingebaut und gehört zu dessen zwischen 1493 und 1516 erfolgtem Umbau zum Winterrefektorium.[65] Erhalten ist ein über eine Wendeltreppe zugänglicher, tonnengewölbter Bedienungsraum für eine Ofenanlage von 3,20 x 2,70 m Größe mit einer Scheitelhöhe von 2,50 m (Abb. 16). In seiner Ostwand ist noch die vermauerte Schüröffnung des dahinterliegenden Ofens sowie eine darüber angelegte, ursprünglich mit einem Schieber verschließbare Abzugsöffnung erkennbar. Wiederum belegen intensive Rußspuren zusätzlich die ursprüngliche Nutzung. Vom Ofen konnten Teile des Feuerraums untersucht werden. Dieser war aus Ziegeln gemauert und mit Gurtbögen aus demselben Material nach oben abgeschlossen. Darüber waren höchstwahrscheinlich wiederum, wie bei den schon beschriebenen Heizanlagen, Steinpackungen als Wärmespeicher eingebracht. Dennoch erweist sich diese Anlage technisch als fortschrittlicher. Denn die Warmluft wurde, wie ein großer Abzug belegt, der sich im Bedienungsraum noch erhalten hat, von dort in das darüberliegende Winterrefektorium geleitet, wo die Austrittsöffnung noch bis 1878 sichtbar war.[66] Die im Fußboden damals ebenfalls noch vorhandenen Sandsteinplatten könnten zum Unterbau eines möglicherweise darüber errichteten Kachelofens ge-

hört haben, der mittels Warmluft beheizt wurde. Damit war gleichzeitig das Befeuern des Ofens und die Erwärmung des Winterrefektoriums möglich, so daß dieses kontinuierlich und ohne Unterbrechung beheizt werden konnte. Leider liegen keine Hinweise auf die Gestaltung dieses Ofens vor.

Die bauarchäologische Untersuchung ergab auch, daß diese Heizanlage in einen - oben schon erwähnten - älteren Kellerraum eingebaut wurde, der sich unter dem Klausurwestflügel befand. Der Teil, in dem sich der Ofen befand, war, wie eine bei der Untersuchung nachgewiesene Treppe zeigt, auch danach noch zugänglich, so daß damit ein weiterer beheizter Raum im Untergeschoß bestand, der vermutlich zu Wirtschaftszwecken genutzt worden ist.

Die jüngsten archäologischen Zeugnisse einer Heizanlage, die sich noch der Klosterzeit zuweisen lassen, sind unglasierte Bruchstücke von reliefierten Blattkacheln.[67] Darunter findet sich auch eine Medaillonportraitkachel (Abb. 27), ein Kacheltyp der ersten Hälfte des 16. Jahrhunderts, bei dem die Darstellung fürstlicher Personen besonders beliebt war. Bei der auf der Kachel abgebildeten Dame handelt es sich um Erzherzogin Anna von Österreich, die Gemahlin Ferdinands, des Bruders von Kaiser Karl V.,[68] wie sich insbesondere aus der Ähnlichkeit zu ihrer Darstellung auf Schaumünzen von 1523/24 belegen läßt. Erzherzog Ferdinand, der Gemahl Annas, war sicher als Gegenstück auf entsprechenden Kacheln abgebildet, auch wenn davon bisher noch keine Bruchstücke gefunden wurden. Derartige Kacheln wurden, in der Regel bunt glasiert, bei besonders aufwendig gestalteten Prunköfen verwendet. Ein solcher mit einer entsprechenden Darstellung des Erzherzogspaars befand sich beispielsweise in der Prälatur des Klosters Blaubeuren.[69] Es ist also höchst wahrscheinlich, daß ein entsprechender Ofen aus Kacheln dieses Typs auch in einem Raum der Klosteranlage in Bebenhausen aufgestellt worden ist.

Abb. 16a. Mittelalterliche Glashütte aus der Reisebeschreibung des Sir John Mandeville, British Library London.

Das Bildprogramm dieses Kachelofens war gewiß nicht zufällig gewählt. Es steht vielmehr im Zusammenhang der besonders engen politischen Beziehungen des Klosters unter seinem letzten Abt Johannes von Fridingen zu Erzherzog Ferdinand während dessen Regentschaft über Württemberg nach der Vertreibung Herzog Ulrichs von 1519 bis 1534.[70] So sind während dieser Zeit mehrere Aufenthalte Ferdinands im Kloster belegt, etwa zu „Bußübungen" im Jahr 1526, wo in der Bibliothek des Klosters eine Inschrift angebracht wurde, die ihn als „pius, justus, clemes, prudens", also „fromm, gerecht, mild und klug" rühmt.[71] Wie mit dieser Inschrift ehrte der Konvent auch durch die Abbildung der Portraits des Erzherzogspaars im Bildprogramm eines Ofens den Landesherren dieser Jahre. Mit diesem Kachelfund läßt sich die Aussage der materiellen Überreste des Alltags im Kloster und seine durch die Schriftquellen überlieferte Geschichte in besonders eindrucksvoller Weise verknüpfen.

Abb. 17.
Vorklosterzeitliche Gebrauchs-
keramik: Töpfe, Kannen und
Deckel.
Datierung: Reihe links, frühes
Mittelalter (Bodenstück 5./6.
Jahrhundert, Randstücke 8./9.
Jahrhundert); Mitte und rechts,
hohes Mittelalter (11./12.
Jahrhundert).

Abb. 18.
Vorklosterzeitliche Ofenkeramik:
Topf- und Becherkacheln.
Datierung: 11./12. Jahrhundert.

Abb. 19.
Vorklosterzeitliche Hohlziegel.
Links: Bruchstück eines Hohlziegels vom Typ „Nonne"; Maße: Breite ca. 20 cm; Datierung: 12. Jahrhundert. Rechts: Hohlziegel vom Typ „Mönch" mit Nase; Maße: 45,5 x 15 x 1,8 cm; Datierung: 11./12. Jahrhundert.

Abb. 20.
Klosterzeitliche Hohlziegel.
Links oben: Hohlziegel vom Typ „Nonne" mit flachem Profil; Maße: 45 x 16,5 x 2 cm; Datierung: frühe Klosterzeit (spätes 12./frühes 13. Jahrhundert). Links unten: Fehlbrand eines Hohlziegels vom Typ „Nonne" mit flachem Profil. Rechts: Hohlziegel vom Typ „Mönch" mit gewölbtem Profil und starkem Absatz; Maße: 46,5 x 15,5 x 1,5 cm. Datierung: 13./14. Jahrhundert.

Abb. 21.
Flachziegel.
Links: Rechteckiger Flachziegel mit Durchlochung; Maße: 46,5 x 21,8 x 1,7 cm; Datierung: Ende 13. und 14. Jahrhundert. Mitte: Flachziegel mit Rundschnitt; Maße: 43 x 19 x 1,7 cm; Datierung: 15. bzw. beginnendes 16. Jahrhundert. Rechts: Flachziegel mit Segmentschnitt; Maße: 41 x 20 x 2,1 cm. Datierung: 17./18. Jahrhundert.

Abb. 22. Aquamanile (Gießgefäß) in Gestalt eines Widders.
Maße: Höhe 18,5 cm, Länge 26 cm. Datierung: spätes 12. Jahrhundert oder um 1200.

Abb. 23. Klosterzeitliche Gebrauchskeramik:
Töpfe, Deckel, Schüsseln, Dreibeingefäße,
Bügelkannen und Feldflaschen.
Datierung: 13. bis 15. Jahrhundert.

Abb. 24. Klosterzeitliche Ofenkeramik: Becher-,
Napf- und Schüsselkacheln. Reihe links: Becher-
kacheln, spätes 12. bzw. 13. Jahrhundert;
Mitte: Napfkacheln, 14. Jahrhundert; Rechts:
Schüsselkacheln, 14./15. Jahrhundert.

Abb. 25. *Klosterzeitliches Trinkgeschirr: Becher aus grau-schwarzer Irdenware;*
Maße: Höhe 10,2 cm, Mündungsdurchmesser 8,8 cm. Datierung: 14./15. Jahrhundert.

Abb. 26.
Klosterzeitliches Trinkgeschirr:
Becherfragmente aus Steinzeug
(linke Bildhälfte oben), Glas
(linke Bildhälfte unten) und
grau-schwarzer Irdenware
(rechte Bildhälfte).
Datierung: 14./15. Jahrhundert.

Abb. 27. Klosterzeitliche Ofenkeramik: reliefierte Blattkachel mit der Darstellung der Erzherzogin Anna von Österreich. Maße: 18 x 18 cm. Datierung: 1. Hälfte 16. Jahrhundert.

Abb. 28.
Glashütte im Schönbuch. Produktionsspektrum: Fensterglas. Datierung: 2. Hälfte 15. Jahrhundert.

Abb. 29
Glashütte im Schönbuch. Produktionsspektrum: Glasbecher. Nuppenbecher (links), optisch geblasene Becher (Mitte) und Bodenstücke von verschiedenen Bechertypen (rechts). Datierung: 2. Hälfte 15. Jahrhundert.

Abb. 30.
Glashütte im Schönbuch. Produktionsspektrum: verschiedene Hohlglasformen. Flaschen (linke Bildhälfte), Kuttrolfe (rechte Bildhälfte oben), Schalen oder Lampen (rechte Bildhälfte unten) und Glasröhrchen (rechter Bildrand). Datierung: 2. Hälfte 15. Jahrhundert.

Abb. 31.
Glashütte im Schönbuch. Gebrauchskeramik: Bruchstücke eines Topfes. Datierung: 2. Hälfte 15. Jahrhundert.

Abb. 32.
Glashütte im Schönbuch. Produktionsspektrum: Model. Die Model dienten zur Herstellung von optisch geblasenen Bechern. Datierung: 2. Hälfte 15. Jahrhundert.

Abb. 33.
Glashütte im Schönbuch. Ofenkeramik: Schüsselkachel mit inwendigem Engobeauftrag. Maße: 19 x 19 cm. Datierung: 2. Hälfte 15. Jahrhundert. Die zahlreichen Funde von Ofen- und Gebrauchskeramik belegen, daß die in der Glashütte arbeitenden Handwerker auch vor Ort lebten.

Abb. 28.

Abb. 31.

Abb. 29.

Abb. 32.

Abb. 30.

Abb. 33.

Abb. 34.
Klosterzeitliche Ofenkeramik:
glasierte Nischenkachel mit
vorgeblendetem Maßwerk.
Maße: Höhe 30 cm, Breite
20 cm, Tiefe 12 cm. Datierung:
spätes 14. bzw. 15. Jahrhun-
dert.

Abb. 35.
Klosterzeitliche Ofenkeramik:
Bruchstücke von glasierten
Nischenkacheln. Neben vor-
geblendetem Maßwerk sind als
Dekorelemente Speichenrädchen
und Pentagramme erkennbar.
Datierung: spätes 14. bzw. 15.
Jahrhundert.

Anmerkungen

1 Vgl. zur Geschichte und zum Stand der archäologischen Erforschung der Zisterzienserklöster in Mitteleuropa: Untermann im Druck. Wir danken dem Autor für die Möglichkeit der Einsichtnahme in sein Manuskript.

2 Zum Beispiel im Kloster Heilsbronn: Stillfried-Alcantara 1877, S. 54, 56-57, 60, 76-80, 105-107, Taf. IV und XII.

3 Zum Beispiel im Kloster Alzey: Stümpel 1967, S. 44-56, 12 Abb.

4 Dargelegt am Beispiel Westfalen: Isenberg/Peine/Wemhoff 1994, S. 22-37

5 Vgl. hierzu etwa: Greene 1992; Gilchrist/Mytum 1993.

6 Ein Beispiel stellen die Untersuchungen zum Kloster Altenberg dar: Binding u.a. 1975, S. 241-246; Untermann 1984.

7 Neue archäologische Ergebnisse hierzu sind zusammengestellt im Kolloquiumsband Pressouyre/Benoit 1996; Siehe auch Grewe 1991, S. 186-225.

8 Als Beispiel: Thier 1993; siehe unten S. 52ff.

9 Vgl. dazu: Kolloquiumsband Schenk 1989; Benoit/Cailleaux 1991; Pressouyre 1994.

10 Dazu Brand/Krins/Schiek 1989, S. 23.

11 Paulus 1886, S. 162f; Brand/Krins/Schiek 1989, S. 19-23, Katalog Nr. 1-7, 10, 16, 19, 22, 24, 25, S. 127-133.

12 Brand/Krins/Schiek 1989, Abb.7.

13 Vgl. dazu Scholkmann 1995a, S. 46-49.

14 Publiziert von Tscherning 1877, S. 1161; Dazu Sydow 1984, S. 136 und 292.

15 Zur Klosterkirche siehe Köhler 1995, S.73, Anm. 74.

16 Vgl. Notiz und Planskizze des Bezirksbauamtes Tübingen vom 9. 6. 1925, Akten Landesdenkmalamt Baden-Württemberg, Außenstelle Tübingen, Referat Archäologie des Mittelalters.

17 Unpublizierte Unterlagen, Akten Landesdenkmalamt Baden-Württemberg, Außenstelle Tübingen, Referat Archäologie des Mittelalters.

18 Eine Fortsetzung mit Untersuchung der abgebrochenen Teile der Kirche ist für 1998ff. geplant.

19 Zur Glashütte: Scholkmann 1992a; Scholkmann 1994; Scholkmann 1997.

20 Dazu Scholkmann 1986; Scholkmann 1987a; Scholkmann 1988a; Scholkmann 1989; Scholkmann 1990.

21 Dazu Sydow 1984, S. 48-50, und Sydow 1995, S. 27.

22 Diese Befunde sind ausführlich dargestellt bei Scholkmann 1992b; Scholkmann 1992c; Scholkmann 1996.

23 Die archäologischen Untersuchungen haben gezeigt, daß bei der Anlage des Klosters ganz erhebliche Abtragungen an der Hangseite im Norden und Aufschüttungen nach Süden und Westen hin zur Vergrößerung des Plateaus notwendig waren, um überhaupt ausreichend große, einigermaßen ebene Flächen insbesondere für die Anlage der Klausur, aber auch der angrenzenden Baukomplexe zu schaffen. Der Abtrag beträgt im Klausurostflügel und im Hofareal östlich davon mindestens 70 cm.

24 Die Zuweisung einer Spatha derselben Zeitstellung zum Fundort Bebenhausen hat sich inzwischen als Irrtum erwiesen; Morrissey 1995, S. 225.

25 Die vorläufigen Alters- und Geschlechtsbestimmungen verdanken wir Dr. Joachim Wahl, Landesdenkmalamt Baden-Württemberg.

26 Dendrochronologische Daten zu den Bauabschnitten: Scholkmann 1995b, S. 235.

27 Zu diesem Heizungstyp zuletzt Meyer 1989, S. 209-232, mit Zusammenstellung der älteren Literatur.

28 Die Heizanlage in ihrer jüngsten Phase ist ausführlich beschrieben bei Scholkmann 1988b; Scholkmann 1987b.

29 Vgl. die allerdings nicht ganz vollständige Zusammenstellung bei Meyer 1989, S. 221.

30 Dazu Meyer 1989, S. 217; Zettler sieht deshalb einen Zusammenhang zwischen dem Entstehen dieses Typs mittelalterlicher Heizanlagen und den asketischen Tendenzen der Klosterreformen des 10. und 11. Jahrhunderts, die nur noch ein zeitweiliges Beheizen der Calfaktorien gestatteten. Vgl. Zettler 1988, S. 221f.

31 Zettler 1988, S. 220.

32 Vgl. die Zusammenstellung bei Gross 1991, S. 140-143.

33 Sydow 1984, S. 49, mit Literatur; Jänichen 1969, S. 61-64; Schaab 1972, Karte X, 1 und Beiwort.

34 Streich 1984, Teil 1, S. 1-11.

35 Binding/Untermann 1985, S. 193; Kinder 1990, S. 77; Schich 1980, S. 218-219.

36 Braunfels 1969, S. 300.

37 Sydow 1984, S. 49.

38 Binding/Untermann 1985; Schröder 1980, S. 314.

39 Streich 1984, Teil 1, S. 335ff., Teil 2, S. 466ff.

40 Zuletzt Sydow 1995, dort weitere Literatur; Köhler 1995, S. 5-9.

41 Köhler 1995, S. 106.

42 Zum gleichen Ergebnis kommt Köhler 1995, S. 176 u. 179.

43 Dazu Köhler 1995, S. 241-245.

44 Sydow 1984, S. 31, Anm. 20.

45 Er ist als „circuitus" auch in der schriftlichen Überlieferung faßbar; Köhler 1995, S. 206, Anm. 3.

46 Sydow 1984, S. 31.

47 Dendrodatum bei Scholkmann 1995b, S. 236.

48 Sydow 1984, S. 228; Köhler 1995, S. 292.

49 Sydow 1984, S. 33.

50 Es sind mehrere Frauen nachgewiesen. Die anthropologische Bestimmung erfolgte durch Dr. Joachim Wahl, Landesdenkmalamt Baden-Württemberg.

51 Dazu Thier 1995.

52 Binding/Untermann 1985, S. 207-209.

53 Köhler 1995, S. 206, Anm. 3.

54 Erhalten ist die Tür, die aus dem Südflügel des Kreuzgangs das Calefaktorium erschlossen haben muß. Zur Lage des Bauteils: Köhler 1995, S. 206-207, 214-215.

55 Beispiele für Zisterzienserklöster: Drack 1984, S. 10-21; Magirius 1962, S. 116ff. Schulpforta: Hirschfeld 1934, S. 48. Für weitere Beispiele siehe Hecht 1954, Sp. 308ff. Beispiele für entsprechende Anlagen in Klöstern anderer Orden: Jena, Dominikanerkloster: Mühlmann 1958, S. 300ff. Erfurt, Augustinerkloster: Palmowsky 1986, S. 268ff. Tom Roden: Korzus 1982, S. 23ff., 61ff. Esslingen: Schäfer 1987, S. 196ff. Buda: Gyürky 1981, S. 96ff. Steinheim/Murr: Untermann 1991, S. 82-91.

56 Akten Landesdenkmalamt.

57 Zuletzt Knapp 1997, S. 151-152.

58 Zu diesen Kacheltypen allgemein: Tauber 1980; Gross 1991, S. 140-143.

59 Funde Burg Tannenberg: Hefner 1850, S. 85-87; Kornmarktgrabung Heidelberg: Rosmanitz 1992, S. 77-82. Minne 1977, S. 37ff.

60 Dazu Kolb 1986, insbesondere S. 270-298.

61 Ob dies um die Mitte des 15. Jahrhunderts erfolgte, wie Sydow annimmt, ist nicht geklärt: Sydow 1984, S. 31.

62 Köhler 1995, S. 206, Anm. 3.

63 Dazu Drack 1984, S. 16-19.

64 So Drack 1984, S. 16-19; für Maulbronn: Knapp 1997, S. 151-152.

65 Ausführlicher beschrieben bei Scholkmann 1989; vgl. dazu Köhler 1995, S. 303f.

66 Dies hat Fr. A. von Tscherning dokumentiert: Tscherning 1870-1891, S. 291.

67 Benutzungsspuren in Form von anhaftendem Ofenlehm oder Rußspuren auf den Blattrückseiten belegen, daß diese Kacheln, trotz fehlender Glasur, sicher in einem Kachelofen vermauert gewesen waren.

68 Dazu ausführlicher Scholkmann 1989.

69 Dazu gehörten die im Württembergischen Landesmuseum aufbewahrten Portraitkacheln: Inv. Nr. KK Misz. 113 und 114.

70 Dazu Sydow 1984, S. 245.

71 Paulus 1886, S. 150.

Zur Baugeschichte des Klosters Bebenhausen und zur kunsthistorischen Bedeutung seiner Architektur

Marc Carel Schurr

Erste Bautätigkeit nach der Niederlassung zisterziensischer Mönche
Errichtung der Kirche und der Klausur

Als im Jahre 1190 die zwölf ersten Zisterziensermönche gemeinsam mit ihrem Abt Diepold vom Mutterkloster Schönau nach Bebenhausen kamen, traten sie die Nachfolge eines kleinen prämonstratensischen Konventes an. Welche Baulichkeiten die Zisterziensermönche bei ihrer Ankunft vorfanden, läßt sich nur vermuten. Mit großer Sicherheit kann man jedoch davon ausgehen, daß zumindest einige provisorische Gebäude bereits vorhanden waren. Ob freilich – wie Mathias Köhler, dem die exakte Chronologie der verschiedenen Bauabschnitte zu verdanken ist, vermutet hat[1] – die heutige Klosterkirche als ältester Bauteil der Klausur bereits unter den Prämonstratensern begonnen wurde, erscheint angesichts der relativ gleichmäßigen Abfolge der verschiedenen unterscheidbaren Bauphasen doch recht fraglich, zumal sich gerade in den älteren Bauteilen weder größere Brüche im Gesamtkonzept noch in der Stilistik und Technik der Ausführung feststellen lassen.

Daß der Bau schnell fortgeschritten sein muß, zeigen die Daten der ersten überlieferten Altarweihen von 1192 und 1193 für einen Martinsaltar und einen Stephanus-/Laurentiusaltar, die sich vermutlich in den beiden nördlichen Querhauskapellen befanden. Für 1214 ist die Konsekration eines Johannes dem Evangelisten geweihten Altares überliefert, der wohl in einer der beiden heute vermauerten Südquerhauskapellen Aufstellung gefunden hat. Bereits vor 1226 war der Hochaltar, welcher – zister-

ziensischem Brauch folgend – der Heiligen Jungfrau Maria geweiht war, im Presbyterium eingerichtet worden. Am 6. Mai des Jahres 1228 konnte die Schlußweihe der neuen Kirche feierlich begangen werden.

Zu bauen begonnen hatte man also vom Chor und den Querhäusern ausgehend, um dann nach Westen fortschreitend das Langhaus – zunächst auf der Südseite, dann auch im Norden – aufzuführen. Der ursprüngliche Plan sah eine dreischiffige Pfeilerbasilika mit einem platt geschlossenen Chorquadrat und zwei ebenfalls quadratischen Querhausarmen vor, denen je zwei kleine Einsatzkapellen in den Winkeln zwischen Presbyterium und den Querhausostwänden angefügt waren. Dabei hatte man zunächst auf eine Einwölbung der Kirche, wie sie heute zu sehen ist, verzichtet und sich mit einer Flachdecke oder einem offenen Dachstuhl begnügt. Auch waren die ursprünglichen Fensteröffnungen bedeutend kleiner als die heutigen, die im 14. und späten 15. Jahrhundert eingebaut wurden. Dafür erstreckte sich das Langhaus wesentlich weiter nach Westen, um auch den Laienbrüdern die Teilnahme am Gottesdienst zu ermöglichen. An den heute noch vorhandenen Resten der südlichen Seitenschiffswand, die nun die nördlichen Außenwände des Kreuzgangnordflügels und des Konversenbaus bildet, läßt sich die ursprüngliche Ausdehnung der Klosterkirche noch recht gut ablesen.

Der heute nicht mehr vorhandene westliche Teil des Langhauses war durch die Aufhebung des Klosters im Zuge der Reformation überflüssig geworden und fiel recht schnell dem Abriß zum Opfer, da die großen Steinquader für andere Bauvorhaben der neuen

Herren - etwa das Schloß Hohentübingen - verwendbar waren. Auch die beiden Kapellennischen im Südquerhaus, die in Analogie zu ihren Pendants auf der Nordseite errichtet worden waren, wurden – allerdings noch durch die Mönche selbst – beim Bau der neuen Sakristei, die sich im südöstlichen Chorwinkel befindet, zu Beginn des 16. Jahrhunderts abgetragen.

Vom kunstgeschichtlichen Standpunkt aus gesehen, trägt diese ursprüngliche Konzeption der Klosterkirche einen großen Teil des Erbes der Hirsauer Bautradition in sich, worauf beispielsweise die gestaffelte, platt schließende Choranlage oder das Vorkommen von Schmuckdetails wie den Sockelprofilen an der Außenseite oder dem Schachbrettmuster an den Kämpfern der Vierungspfeiler hindeuten. Die Verwendung eines einfachen, flachen Chorschlusses fand sich darüber hinaus sonst in der Region, insbesondere im Bodenseeraum, bereits vorgeprägt, wie das Beispiel des Konstanzer Münsters, in dessen Diözese ja auch das Bebenhäuser Kloster lag, anschaulich unter Beweis stellt. Aber auch Einflüsse von Oberrhein und Elsaß werden in Bebenhausen spürbar, so vor allem an der Form der spitzbogigen Arkaden mit ihren rechteckigen Pfeilern, die sich ganz ähnlich beispielsweise in den Ostteilen der Straßburger Stephanskirche finden, oder am Blatt- und Knospenschmuck der Kapitelle, welche die Vorlagen der Pfeilerstirnen zwischen den Querhauskapellen zieren.

Vor allem jedoch zeigt sich im Verzicht auf einen apsidialen Chorschluß oder in der Reduktion der Hirsauer Staffelchoranlage auf die relativ zierlichen Einsatzkapellen die für die Ordensbauten der Zisterzienser in dieser Zeit noch typische programmatische Strenge und Bescheidenheit. Auch die zurückhaltende Verwendung dekorativer Bauzier beweist, daß die Forderungen des heiligen Bernhard nach schlichter, asketischer Gestaltung des Kirchenbaus den Geist der Bebenhäuser Mönche bei der Errichtung ihres Gotteshauses durchaus noch zu prägen vermochten. Insgesamt betrachtet stellt die Bebenhäuser Klosterkirche geradezu ein Lehrstück darüber dar, wie sich die Architektur der Zisterzienser eher als Geisteshaltung versteht denn als ein Beharren auf bestimmten Einzelformen oder Gestaltungsmerkmalen. Daraus erklärt sich auch das überraschend breite konzeptionelle und stilistische Spektrum ihrer Bauwerke.

Nicht viel später als mit der Errichtung der Kirche müssen die Mönche mit dem Bau des Ostflügels der Klausur, welcher die für das alltägliche Klosterleben wichtigsten Räume enthielt, begonnen haben. So ist bereits für das Jahr 1219 die Weihe des Johannes dem Täufer gewidmeten Altares im Kapitelsaal überliefert; eine dendrochronologische Untersuchung des Dachstuhles ergab das Fälldatum 1216/17 für die beim Bau verwendeten Hölzer. Die Raumfolge des den südlichen Querhausarm der Kirche nach Süden hin fortsetzenden Traktes deckt sich vollkommen mit den Gewohnheiten des Ordens. Er ist von seiner Anlage her zweigeschossig und dergestalt konzipiert, daß der östliche Kreuzgangflügel seiner Westfront direkt vorgelagert werden konnte und somit alle Räume des Erdgeschosses von dort aus zugänglich sind. Das erste, direkt an das südliche Querhaus anschließende, recht schmale Raumkompartiment des Erdgeschosses nahm die Sakristei (heute „alte Sakristei") ein. Ihr westlicher Teil, welcher unmittelbar an den Kreuzgang grenzte, enthielt das Armarium, worin zunächst der klösterliche Bestand an Büchern verwahrt und bei Bedarf in den Kreuzgang ausgegeben wurde. Nach Süden hin schloß sich an die Sakristei der nahezu quadratische Kapitelsaal an. Darauf folgten das Parlatorium, welches in denselben Abmessungen wie der Kapitelsaal erbaut wurde, und die zwar gleich breite, aber etwas längere Bruderhalle. Zwischen diesen beiden Räumen bildete ein tonnengewölbter Durchgang den Einlaß zum inneren Bezirk der Klosteranlage. Auch das

Abb. 1.
Baubetrieb im Kloster Schönau. Federzeichnung aus der ersten Hälfte des 16. Jahrhunderts. Germanisches Nationalmuseum Nürnberg.

Die Bildunterschrift „Die Laienbrüder, von Frömmigkeit getrieben, erbauen das Schönauer Kloster" erläutert das Geschehen. Auf dem Hügel im linken Bildteil sind drei Laienbrüder zu sehen, die im Steinbruch arbeiten. Die Steine werden aus dem Fels geschlagen, dann mit einem Spitzhammer beschlagen und anschließend mit einer Hebelstange zum Verladen bewegt. Der Transport ins Tal erfolgt mit Hilfe von vierjochigen Ochsenkarren. Dort angekommen werden die Steinquader von Steinmetzen, rechts unter einem Vordach, weiterbearbeitet. Daneben rühren Knechte in einem Trog Mörtel an, der über eine Leiter in Brettaschen auf den Bau getragen wird.

(S.K.)

Abb. 2.
Laienportal der Klosterkirche um 1200.

Der Ostteil des Klosters war den Chormönchen vorbehalten. Getrennt durch den Lettner nahmen Laienbrüder im Westteil der Kirche am Gottesdienst
teil. Sie betraten die Kirche durch das sogenannte
Laienportal, das als Außenportal im Verbund der
südlichen Kirchenaußenwand errichtet war. Im
Vergleich zum Eingang für die Chormönche ist das
Laienportal breiter proportioniert und weist statt
dem Rundbogen einen gedrückten Spitzbogenab-
schluß auf. Das Flachrelief im Tympanonfeld zeigt
zwischen zwei Palmetten ein Lilienmotiv, Symbol
der Jungfrau Maria, Patronin der Klosterkirche.
Mit dem Abbruch des westlichen Langhausteils der
Kirche nach der Reformation verlor das Laienportal seine Funktion.   (S.K.)

Obergeschoß des Ostflügels, welches das Dormitorium, den Schlafsaal der Mönche, enthielt, war über eine Treppenanlage in der Nordwestecke des Parlatoriums direkt vom Kreuzgang aus zu erreichen. Der heute noch bestehende Aufgang vom Südquerhaus der Kirche existierte in leicht veränderter Form ebenfalls bereits von Anbeginn an; weitere Zugangsmöglichkeiten bestanden vom Abtshaus und von der alten Sakristei aus.

Die bis heute vorhandene Johanneskapelle, die als kleiner Annex an die Nordostecke des Kapitelsaales angefügt ist, wurde erst einige Jahre später errichtet, wie neben dem bauarchäologischen Befund eine zweite Weihe des Johannesaltares beweist, die für das Jahr 1224 überliefert ist. Desgleichen wurden die Gewölbe des Kapitelsaales wie auch diejenigen der anderen Räume des Erdgeschosses, Parlatorium und Bruderhalle, erst nachträglich eingezogen. Offenbar legte man großen Wert darauf, den Ostflügel möglichst schnell in beiden Etagen fertigzustellen, um sich auch baldigst des Dormitoriums bedienen zu können. Dabei hat man zeitaufwendige, für die Benutzbarkeit der Räume aber relativ unbedeutende Arbeiten, wie eben die Konstruktion der Gewölbe, zunächst zurückgestellt und erst nach Vollendung des Außenbaus durchgeführt. Das Dormitorium im Obergeschoß, das einen der schönsten erhaltenen derartigen Räume aus mittelalterlicher Zeit überhaupt darstellt,[2] entspricht in seinem jetzigen Zustand allerdings im wesentlichen der Zeit um 1500. Ursprünglich war der Raum als große Halle unter einem offenen Dachstuhl in Form einer sechsfach gebrochenen Tonne konzipiert worden. Die heute sichtbare Einteilung des Obergeschosses in individuelle Zellen geht, ebenso wie der Einbau der Bibliothek mit dem Ferdinandszimmer, auf Umbaumaßnahmen des späten 15. Jahrhunderts zurück. Zu Beginn des 13. Jahrhunderts hatte bestenfalls dem Abt eine isolierte Räumlichkeit zur Verfügung gestanden; die Mönche mußten sich den gemeinsamen Schlafsaal teilen.

Mit dem Steinbau des Ostflügels wurden die wohl gleichermaßen dringend benötigten Unterkünfte und Räumlichkeiten für die Konversen auf der Westseite des sich bildenden Geviertes der Klausur errichtet, wobei man sich zunächst allerdings mit Provisorien in Holzbauweise begnügte.

Aus kunsthistorischer Sicht sind unter diesen frühen Baumaßnahmen besonders die Gewölbe in Kapitelsaal, Parlatorium und Bruderhalle bemerkenswert. Zum einen gehören sie zu den ältesten erhaltenen Beispielen frühgotischer Rippengewölbe in der Region, die mit ihren gepflockten Rippenläufen eindeutig auf französisch-burgundische Vorbilder (Sens, Pontigny) verweisen. Zum anderen hat der verantwortliche Baumeister in seinen mit Hornkonsolen und abgekragten Dienststümpfen versehenen Freistützen eine neuartige Synthese aus dem Typus des frei im Raum stehenden, säulenartigen Pfeilers mit der zisterziensischen Tradition, Dienste auf Konsolen oder Abkragungen auflaufen zu lassen, geschaffen. Anregungen dazu mag er von Lösungen bekommen haben, wie sie uns in Fontenay oder Zwettl erhalten sind; eine ausgesprochen ähnliche Gestaltungsweise zeigen auch die Pfeiler des ungefähr gleichzeitig errichteten Chorumganges der Lilienfelder Zisterzienserkirche. Die Nachwirkungen dieser Idee sind noch in modernerer Form beim Zuschnitt der Freistützen im Maulbronner Kapitelsaal zu spüren. Gleichzeitig klingt in der etwas exzentrisch anmutenden Ausführung der Bebenhäuser Freistützen immer noch etwas von der Schmuckfreude der Spätromanik im schwäbisch-elsässischen Raum an, wie sie beispielsweise an der Murrhardter Walterichskapelle, welche auch in ihrer Rippenwölbung gewisse Parallelen zur Bebenhäuser Architektur aufweist, heute noch zu bewundern ist.

Vergleicht man einmal die Kapitelle und Konsolen des Kapitelsaales mit denen von Parlatorium und Bruderhalle, überrascht zudem die Deutlichkeit, mit der die unterschiedliche Rangordnung der verschiedenen Räumlichkeiten in der Qualität der Bildhauerarbeiten zum Ausdruck gebracht wurde. Dabei finden sich die aufwendigsten und am feinsten elaborierten Einzelformen im Kapitelsaal, wohingegend die entsprechenden Pendants in der Bruderhalle fast schon archaisch-derb anmuten.

Mathias Köhler hat diese letzten Baumaßnahmen zur Vollendung des Ostflügels auf die Jahre 1220 bis 1230 datiert, indem er auf die Nachahmung und Weiterentwicklung der Bebenhäuser Architektursprache im um 1235 errichteten Refektorium des Mutterklosters Schönau verwies. Den verantwortlichen Baumeister hat er in einem Meister Heinricus, der 1226 in einer Schenkungsurkunde als magister operis unter den Zeugen aufgeführt wurde, erkannt.[3]

Die Vollendung der Klausur erfolgte Zug um Zug im weiteren Verlauf des 13. Jahrhunderts. Zunächst wurde der Südflügel – als Schauplatz der profansten Alltagshandlungen in größtmöglicher Entfernung von der Kirche – mit dem heute nicht mehr vorhandenen Kalefaktorium, dessen Eingangspforte vom Kreuzgang aus noch zu erkennen ist, einem ersten Refektoriumssaal und der Küche als eingeschossiger Trakt erbaut. Auch die Wandflächen des ursprünglichen Refektoriums lassen sich in ihren nördlichen Teilen bis zum heutigen Zeitpunkt als in das Mauerwerk des später an seiner Stelle errichteten Sommerrefektoriums integrierte Reste erkennen. Wie die noch sichtbaren Ansätze der Gewölbeschalen zeigen, war es gleich seinem Nachfolger als zweischiffige, gewölbte Halle angelegt und blieb in seiner Breite nur um ein Weniges hinter dem jetzigen Bau zurück. Im Westen schloß sich unmittelbar die Küche an, die gleichzeitig mit dem Laienrefektorium im Westflügel in Verbindung stand, so daß beide Speisesäle von der Küche aus direkt versorgt werden konnten.

Unter der ausgesprochen erfolgreichen Amtsführung von Abt Friedrich (1281-1303) konnten schließlich die übrigen Teile der Klausur, der Laientrakt im Westen und der Kreuzgang selbst, in Stein errichtet werden. Beide sind heute nicht mehr in ihrem ursprünglichen Zustand erhalten. Während der ehemals flachgedeckte Kreuzgang in spätgotischer Zeit einem kompletten Neubau weichen mußte, wurde der Westflügel nur in seiner Raumaufteilung verändert. Zu seiner Erbauungszeit enthielt er von Süden her gesehen zunächst das erwähnte Laienrefektorium mit einem Aufgang zu dem im Obergeschoß analog zum Ostflügel eingerichteten Laiendormitorium. An das Laienrefektorium, das später zum heutigen Winterrefektorium umgestaltet wurde, schloß sich nach Norden hin das Cellerarium (das heutige Laienrefektorium) an. Da in Bebenhausen aus Platzmangel die ansonsten übliche Klostergasse, durch die der Laientrakt vom Kreuzgang respektvoll abgesetzt zu werden pflegte, entfallen mußte, hat man nach Westen zur Kirche und dem Laienportal hin einen schmalen Pfortengang freigelassen, welcher von der am Kirchenschiff angebauten Pförtnerzelle bewacht wurde. Dieser Bereich wurde später überbaut und in den Laientrakt integriert.

Ebenfalls unter Abt Friedrich unternahm man die Errichtung der Infirmerie des Klosters im Osten der Klausur, parallel zum Ostflügel. Gemeinsam mit der Infirmerie wurde wohl auch eine dazugehörige, zu Beginn des 16. Jahrhunderts abgerissene Kapelle erbaut; eine Datierung, auf die obendrein ihre Gestaltung als rippengewölbte Saalkirche mit polygonalem 5/8-Chorschluß und zweibahnigen Maßwerkfenstern deutet.[4]

Die reiche Bautätigkeit in dieser frühen Blütezeit des Klosters fand schließlich mit der Vollendung der inneren und äußeren Klostermauer und dem Bau einer Wasserleitung sowie einiger Wirtschaftsgebäude ihren vorläufigen Abschluß. Die folgenden beiden Jahrzehnte waren überschattet von den Folgen des Reichskrieges gegen den Grafen von Württemberg, worunter auch das Kloster schwer zu leiden hatte. Vermutlich ist es nur der Herkunft von Abt Ulrich (1303-1320) aus einer wohlhabenden Familie der Reichsstadt Esslingen zu verdanken, daß unter seiner Amtszeit immerhin der Bau einer Abtsresidenz südlich der Infirmerie in Angriff genommen werden konnte.

Abt Konrad von Lustnau als Bauherr –
Das Bebenhäuser Sommerrefektorium als Meisterwerk gotischer Baukunst

Unter Abt Konrad von Lustnau (1320-1353), der einem Geschlecht pfalzgräflicher Ministerialen entstammte, erlebte das Kloster, gestärkt durch zahlreiche Neuerwerbungen und Inkorporationen, eine erneute Blüte. Somit waren die Voraussetzungen günstig, um auch im Bereich der Architektur neue Maßstäbe zu setzen. Sowohl das Sommerrefektorium, welches kraft seiner baukünstlerischen Qualität als ein Kunstwerk europäischen Ranges gelten darf, als auch das große Prachtfenster in der Ostwand des Presbyteriums der Klosterkirche entstanden um 1335 auf Veranlassung Abt Konrads.[5] Konrad, der daneben den Ausbau der Abtei im Südosten der Klausur weiter vorantrieb, ließ obendrein eine aufwendige Grabkapelle in Form eines rechteckigen Saalbaus mit polygonaler Apsis an der östlichen Schmalseite für sich selbst im Anschluß an den nördlichen Querhausarm der Kirche errichten. In dieser Kapelle, welche nach der Reformation abgebrochen wurde, sollte nach dem Willen des Stifters eine tägliche Totenmesse für sein Seelenheil abgehalten werden. Dies zeigt, wie groß das Bedürfnis des Abtes war, mit seinen Stiftungen die Nachwelt zu seiner „Memoria" zu verpflichten.[6] Erst durch einen päpstlichen Dispens des Jahres 1402 vermochten die Mönche im übrigen, sich von dieser zeitaufwendigen Obliegenheit zu befreien.
Wenn wir uns auch heute von der architektonischen Gestalt der Grabkapelle Konrads von Lustnau leider keine genaue Vorstellung

Abb. 3. Sommerrefektorium.

mehr machen können, so stellen doch das Sommerrefektorium (Abb. 3) und das Ostfenster der Kirche (Abb. 4) das Streben des Abtes nach einer Zier des Klosters durch Bauwerke höchster künstlerischer Qualität anschaulich unter Beweis. Das heute im Gegensatz zum später erbauten Winterrefektorium als Sommerrefektorium bezeichnete Gebäude wurde den Chroniken zufolge als Ersatz für das unmittelbar zuvor abgebrannte, aus dem 13. Jahrhundert stammende Refektorium der Mönche errichtet. Wie bereits erwähnt, übernahm man für den Neubau die ungefähren Dimensionen wie auch das zweischiffig gewölbte Hallenschema des Vorgängers und integrierte sogar einige Reste seines Mauerwerkes im nördlichen, an den Kreuzgang angrenzenden Teil des Raumes. Neue Wege ging man allerdings mit der Wölbung des Raumes durch drei ineinandergeschobene Dreistrahlschirme auf oktogona-

Abb. 4. Ostfenster der Klosterkirche.

len Freistützen wie auch in der Gestaltung der Einzelformen, die – angefangen bei den Fenstermaßwerken, den Rippen- und Sokkelprofilen – alle dem neuesten Stand der Baukunst im schwäbisch-elsässischen Raum entsprachen. So verzichtete man, im Gegensatz zu den wenig vorher entstandenen Pendants im Maulbronner Kapitelsaal, auf Kämpfer und Kapitelle an den Freistützen, wie sie traditionell als Mittler zwischen Pfeilern und auflaufenden Gewölberippen eingeschaltet wurden, und ließ die Rippenläufe direkt aus dem Pfeilerkern emporschießen, um sie in den Gewölben zu drei regelmäßigen Sternfiguren zu entfalten und sie mit derselben kühnen Logik an den Seitenwänden nicht etwa auf Konsolen aufzufangen, sondern, straff gebündelt, einfach in das Mauerwerk zurückzunehmen. Der Eindruck schwebender Eleganz und Leichtigkeit, den diese Gewölbekonstruktion vermittelt, wird außerdem verstärkt durch den präzisen und

scharfgratigen Schnitt der Rippenprofile, bei denen im übrigen nicht mehr zwischen Gurt- und Diagonalrippen unterschieden wird, so daß allen Rippenläufen ein einheitliches Aussehen verliehen wurde, was wesentlich zur dekorativen Wirkung des Gewölbes beiträgt.

Die direkte Anregung für die Wahl ineinandergeschobener Dreistrahlschirme auf Freistützen als Lösung zur Überwölbung des Raumes dürfte von dem kurz zuvor entstandenen Gewölbe des Maulbronner Kapitelsaales ausgegangen sein.[7] Dort griff man wohl zu diesem Wölbschema, um ein baugeschichtlich motiviertes Dilemma zu lösen, das entstand, als man gezwungen war, den noch ungewölbten Raum um ein halbes Joch zu kürzen, wodurch eine Phasenverschiebung um eben dieses halbe Joch zwischen den bereits errichteten Fensterachsen und dem noch zu errichtenden Gewölbe entstand. Auf diese Weise kamen die Freipfeiler nicht –

wie üblich – an den Jochgrenzen zwischen den Fensterachsen zu stehen, sondern auf Höhe der Öffnungen und zwischen den Pfeilern des Strebeapparates in der Jochmitte. Die einzige und in der abendländischen Baukunst schon längst bekannte Möglichkeit, Gewölbe mit einem solchen phasenverschobenen Achssystem in Übereinstimmung zu bringen, lag in der Anwendung des Dreistrahls. Dabei konnte man in Maulbronn auch auf das bereits im Hüttenbuch des Villard de Honnecourt aus dem frühen 13. Jahrhundert festgehaltene Schema des Dreistrahlschirmes, der von einer zentralen Stütze ausgeht, zurückgreifen. Diese Wölbform hat man vor allem gerne benutzt, um kleinere Raumeinheiten mit zentralisierendem Charakter, bei denen eine bestimmte Achsenfolge des Wandaufrisses die Errichtung von vierteiligen Gewölbefeldern unmöglich machte, einzuwölben. Schöne Beispiele solcher Dreistrahlschirme sind uns im näheren Umkreis in der Silberkammer des Wormser Domes (um 1270), im Kapitelsaal des Zisterzienserklosters Eberbach, im Vorraum zur Konradikapelle des Konstanzer Münsters[8] oder im Chorunterbau des Breisacher Stephansmünsters überliefert.

Allen diesen Beispielen, einschließlich des Maulbronner Kapitelsaales, ist die Tatsache gemein, daß bei der Wahl des Wölbschemas raumkonstruktive Erfordernisse im Vordergrund standen. In Bebenhausen tritt nun erstmals in Süddeutschland der dekorative Effekt des Sterngewölbes, der sich bei den oben genannten Beispielen eher sekundär aus den Gegebenheiten entwickelte, als primäres Anliegen des Entwerfers zutage. Das Bebenhäuser Sommerrefektorium ist von Anbeginn an auf diese spezielle Gewölbeform hin konzipiert. Gerade in der konsequenten Betonung der gleichmäßig und dynamisch sich entfaltenden und an Stützen und Mauer sich wieder vereinigenden Rippenläufe, in der schwerelos-graphischen Eleganz der geometrischen Muster, die sich an der Decke verfolgen lassen, zeigt sich, wie sehr der

Baumeister auf den Kontrast zwischen dem ruhigen, statischen Element der glatten Wände mit der regelmäßigen Abfolge ihrer Fenster und den schlichten, schlanken Pfeilerkörpern gegenüber dem dynamischen Wogen der Wölbfelder und den dekorativen Rippensternen abgezielt hat. Perfekt gelungen ist das Ausnutzen der nun möglichen, zahlreicheren Durchfensterung der Wände – so täuscht beispielsweise die Südwand mit ihren drei prachtvollen Fenstern eine Dreischiffigkeit des Innenraumes vor – wie auch die technische Einpassung der Gewölbe. Damit wurde auch in Süddeutschland der Schritt zu einer dekorativen Auffassung der Gewölbe vollzogen, wie es bereits früher in England und von dort angeregt auch im deutschen Ordensland geschehen war.[9] Vom Bebenhäuser Sommerrefektorium ging der maßgebliche Impuls zur Konstruktion der heute verlorenen, von Roland Recht aber nachgewiesenen Sterngewölbe in der Katharinenkapelle des Straßburger Münsters aus,[10] die sich ebenfalls ganz dem Spiel mit den dekorativen Effekten der Gewölbekonstruktion hingegeben präsentierte und von der aus sich eine direkte Verbindung zu den Ziergewölben Peter Parlers ziehen ließe, ohne welche die gesamte spätgotische Architektur in Deutschland so kaum denkbar wäre.

Ein wesentlicher Beitrag zum Eindruck der lichtdurchfluteten Heiterkeit, den das Innere des Sommerrefektoriums auch heute noch vermittelt, liegt darin, daß sich die Fenster, im Gegensatz zu der im schwäbisch-elsässischen Raum beinahe obligatorischen Dreibahnigkeit, konsequent in vier Bahnen öffnen. Vergleichbares findet sich allenfalls in den wenig früher entstandenen Polygonfenstern des Chores der Esslinger Pfarrkirche St. Dionys oder in den beiden Südfenstern sowohl der Westempore in der Herrenberger Stiftskirche als auch des Chorquadrats der Esslinger Frauenkirche. Ganz auf der Höhe der Zeit stehen die Entwürfe der Fenstermaßwerke, die beinahe als ein

Abb. 5. Maßwerkfenster, Freiburger Münster.

Abb. 6. Maßwerkfenster, Konstanzer Dom.

Kompendium der verschiedenen stilistischen Strömungen im schwäbisch-elsässischen Raum gelten können. So finden wir die mehrfach genasten Paßfiguren, die in den Maßwerken des Freiburger Münsterturmes oder im Kreuzgangostflügel des Konstanzer Münsters in besonders auffälliger Weise verwirklicht wurden, ebenso wieder wie die segment- und rundbogigen Bahnabschlüsse, die eine zu dieser Zeit beinahe avantgardistisch anmutende Errungenschaft der Freiburger Münsterbauhütte darstellen (Abb. 5). Auch das Motiv der aus seitlichen Eckzwickeln aufsteigenden Fischblasen, die in den Portalwimpergen der Reutlinger Marienkirche oder auch am Straßburger Wandgrab des Bischofs Konrad von Lichtenberg so sehr ins Auge fallen, tritt uns im Sommerrefektorium von Bebenhausen entgegen (Abb. 7). Ein weiteres eigenwilliges Gestaltungselement eines Bebenhäuser Fensters, die Unterteilung eines großen Spitzbogens in zwei kleinere, lanzettenartig überhöhte Spitzbögen, deren seitliche Schenkel mit dem Lauf des großen Spitzbogens zusammenfallen, und ein zwischen die beiden Lanzetten eingespanntes Zentralmotiv (Abb. 8), geht wohl auf eine Fenstergruppe an der inneren Straßburger Münsterfassade zurück und nimmt ebenfalls eine beherrschende Stellung an der Reutlinger Westfassade, nämlich im Tympanon des Hauptportales, ein. Mit einer Variante des liegenden Dreistrahls, einem Lieblingsmotiv der Straßburger Münsterbauhütte, beherbergt das Sommerrefektorium in demselben Fenster sogar ein frühes Beispiel für die sogenannten „aufgebrochenen Maßwerkformen", die später zu den bevorzugten Dekorationsmitteln Peter Parlers beim Bau des Prager Veitsdomes zählen sollten. Vergleichbare Motive lassen sich wiederum am Konstanzer Dom-

Abb. 7 und 8. Gestaltungsmerkmale Bebenhäuser Maßwerkfenster: Fischblasen und Spitzbögen.

kreuzgang oder auch im Chor der Esslinger Frauenkirche auffinden (Abb. 6). Besonders auffällig und darin weit über die genannten Vorbilder hinausgehend ist die starke plastische Durchbildung und Staffelung der Bebenhäuser Stab- und Maßwerke, was sich sehr gut an dem beinahe wulstig erscheinenden, kräftigen Rundstab erkennen läßt, der den großen Ordnungen der Maßwerke zum Innenraum hin vorgelegt ist. An der Außenseite entspricht diesem Rundstab ein Profilstrang polygonalen Querschnitts, der zur Stirn hin eine Flachseite präsentiert – ein im schwäbisch-elsässischen Raum eher seltenes Motiv, das wenige Jahre später beim Chorbau der Gmünder Heilig-Kreuz-Kirche unter Heinrich Parler erneute Verwendung finden sollte und dort ebenfalls zu einer klaren Unterscheidbarkeit der übergeordneten Formen von den kleineren Ordnungen beizutragen vermag.

In dieser Betonung der Rahmenstrukturen, wie auch in der ausgeprägten Trennung zwischen Couronnement und Bahnengruppen, zwischen Großform und Füllung, wird bereits in Bebenhausen eine neue ästhetische Gesinnung spürbar, die – ähnlich auch dem oben beschriebenen Spannungsverhältnis zwischen Raumschale und Gewölbe – das Spiel mit den Kontrasten sucht und bewußt zu inszenieren beginnt. Dieses neue ästhetische Moment hat seine Vorläufer in der - gerade im schwäbisch-elsässischen Raum gut faßbaren - Verwendung verschiedener Artikulationen ein und desselben Formengutes zur Kennzeichnung funktional unterschiedlicher Bereiche[11] und sollte ebenfalls zu einem grundlegenden Bestandteil der Architektursprache Peter Parlers werden.

Dieselben Gestaltungsprinzipien, wie sie uns in den Fenstermaßwerken des Sommerrefektoriums entgegengetreten sind, lassen sich auch an dem großen Prachtfenster in der Ostwand der Klosterkirche feststellen (Abb. 4). Auch hier fällt die besonders reiche Profilierung des Maßwerks und die fein abgestufte Staffelung seiner verschiedenen

Abb. 9. Salemer Nordquerhausfenster.

Ordnungen auf, die dabei – entsprechend dem komplizierteren Aufbau und der detailreichen Binnenzeichnung – noch weit über das im Sommerrefektorium angewandte Maß hinausgeht. Ähnlich den dortigen Fenstern ist auch im Ostfenster der Kirche das Couronnement deutlich von den Fensterbahnen abgesetzt und in den Rahmen einer Großform eingepaßt, die in kräftigem Kontrast zur Kleinteiligkeit ihrer Füllung steht. Anders als im um 1300 entstandenen Nordquerhausfenster im Münster der Salemer Zisterzienser (Abb. 9), bei dem eine Zwickelblase als große Rahmenform des Couronnements die Bogenläufe der inneren Lanzettbahnen weich mit der Kontur der spitzbogigen Fensteröffnung verschleift, ist in Bebenhausen ein auf der Spitze balancierendes sphärisches Quadrat dergestalt in den Scheitel des Fensters gestellt, daß seine beiden oberen Seiten zwar mit den Schen-

Abb. 10. Turm der Reutlinger Marienkirche.

tergeordnete Element der Fischblase als Füllung schmaler Eckzwickel zu einem veritablen Leitmotiv dekorativer Maßwerke emanzipiert. Beinahe wörtlich dasselbe Motiv wie im Bebenhäuser Ostfenster ist im übrigen an einem Wimperg des 1443 vollendeten Turmes der Reutlinger Marienkirche zu finden (Abb. 10).

Ein ähnlich eigenwilliges, letztlich ebenfalls auf Straßburger Anregungen zurückführbares Motiv dient als Füllung des großen sphärischen Quadrates im Couronnement des Bebenhäuser Chorfensters. Dabei handelt es sich um ein monumentales stehendes Vierblatt, das den durch das Bogenviereck umschriebenen Raum vollständig ausfüllt und eine achtblättrige Strahlenfigur im Zentrum zu überlagern scheint. Dabei präsentieren sich nur die vier Strahlen, die in die Spitzen des Vierblattes reichen, in voller Länge; die vier übrigen, diagonal angeordneten Strahlen werden dort, wo sie auf die Nasen des großen Vierblattes treffen, in doppelköpfige Zwillingsfischblasen gespalten. Die zwischen diesen Strukturen jeweils entstehenden Zwickel füllen wiederum kleine Fischblasen. Ausgangspunkt dieses Motives, bei dem eine große, rahmende Paßform und ein strahlenartiges Zentralmotiv übereinanderprojiziert erscheinen, so daß die Paßfigur die Rose überschneidet, ist das Maßwerk, mit dem das große Nordfenster im Erdgeschoß der Straßburger Westfassade versehen ist. Dort handelt es sich, ähnlich wie bei der großen Straßburger Westrose, tatsächlich um zwei in verschiedenen Schichten übereinanderliegende Maßwerke: einen Mehrpaßokulus in der vorderen, frei vor der Wandfläche stehenden Schicht und eine mehrstrahlige Rose im darunterliegenden Couronnement des in die Wand eingelassenen Fensters. Dieses zweischichtige Motiv begegnet uns dann erstmals in eine Fläche projiziert bei den nach 1317 entstandenen Rosenfenstern im südlichen Seitenschiff der Oppenheimer Katharinenkirche. Wie in Bebenhausen überschneidet auch dort eine

keln des Fensterbogens zusammenfallen, es unten aber nur an zwei Punkten auf den beiden Lanzetten der Binnengliederung ruht und so seine Eigenständigkeit als in sich geschlossene geometrische Form bewahrt. Erst im Maßwerk der beiden eingeschriebenen Lanzetten, welche jeweils zwei spitzbogig schließende Doppelbahnen zu einer Einheit zusammenfassen und so je eine seitliche Hälfte des insgesamt achtbahnigen Fensters einnehmen, finden wir das zentrale Salemer Motiv der Zwickelblase. In Bebenhausen ist jene nun wiederum mit einer kleineren Zwickelblase sowie zwei seitlich darüber aufsteigenden Köpfen von Fischblasen gefüllt, welche einen paßgefüllten Kreis nach oben zu tragen scheinen. Wie bei einigen Maßwerken in Salem oder am Konstanzer Domkreuzgang läßt sich auch hier beobachten, daß sich allmählich das bereits im Straßburger Riß C auftretende, relativ un-

Abb. 11. Konsolstein im Sommerrefektorium.

rahmende Paßfigur die zentrale Rose, so daß jeweils die Strahlen, welche auf die Nasen des Passes treffen, verkürzt und gespalten werden, ohne daß sie allerdings die Gestalt von Fischblasen annehmen. Das Bebenhäuser Ostfenster greift dieselbe Idee auf und variiert das Motiv, indem – ganz der Mode des frühen 14. Jahrhunderts folgend – ein stehendes sphärisches Quadrat mit eingeschriebenem Vierblatt anstelle eines mit Pässen ausgezierten Kreises verwandt wird und die Füllung dieses Rahmens durch neuartige Elemente wie die genannten Fischblasen eine Bereicherung erfährt.

Die angedeuteten engen Bezüge der Architektur des Bebenhäuser Sommerrefektoriums und des großen Ostfensters vor allem zur Westfassade der Reutlinger Marienkirche legen die Vermutung nahe, daß der entwerfende Meister in deren Umfeld zu su-

chen ist, auch wenn uns die Quellen nichts über seinen Namen oder seine Herkunft berichten. Möglicherweise gibt uns ein Fragment des Bebenhäuser Anniversarbuches[12] den richtigen Hinweis, und der dort erwähnte, 1359 als Konverse in Bebenhausen gestorbene Meister Peter von Reutlingen war in der Tat der schöpferische Geist, der hinter dieser großartigen Architektur stand. Und vielleicht ist letztlich auch in der prachtvollen Blattmaske, die als Konsolstein in der südwestlichen Ecke des Sommerrefektoriums dient (Abb. 11) und an ein ähnlich auffälliges Pendant im Tympanon des nördlichen Reutlinger Westportales erinnert, ein weiterer Fingerzeig auf die Herkunft und Identität des Bebenhäuser Meisters zu sehen.

Insgesamt gesehen markieren diese heute noch erhaltenen, unter dem Abbatiat Konrad von Lustnaus ausgeführten Teile eine wichtige Zäsur in der Geschichte der klösterlichen Bautätigkeit in Bebenhausen. Hier macht sich zum ersten Mal eine neue Auslegung der Bautraditionen des Ordens bemerkbar, die eine sinnlichere und auch deutlich repräsentativere Architektur ermöglichte. Begünstigt durch die enorme Ausstrahlungskraft der Straßburger Münsterbauhütte, die zu jener Zeit eine echte Führungsposition unter den baukünstlerisch ambitionierten Hütten innehatte, und dem offensichtlichen Kunstverstand Abt Konrads, entstanden Werke, die einen Platz an der Spitze der abendländischen Baukunst ihrer Tage beanspruchen durften und ihre einzigartige Faszination bis heute bewahren konnten.

Die Baumaßnahmen des 15. und frühen 16. Jahrhunderts – Architektur der Spätgotik

Auch die im Laufe des 15. Jahrhunderts in Angriff genommenen Bauprojekte des Klosters lassen denselben Wunsch nach Verschönerung und repräsentativer Wirkung erkennen, der bereits in der Gestaltung des

Abb. 12. Vierungsturm.

Kirchenostfensters und des Sommerrefektoriums unter Abt Konrad spürbar geworden war.

Den Auftakt zu einer ganzen Reihe großangelegter Bauvorhaben bildete die Errichtung des steinernen Turmes über der Vierung der Klosterkirche in den Jahren 1407 bis 1409 (Abb. 12).[13] Dieses Kabinettstück vollendeter Steinmetzkunst zählt zu den ganz wenigen noch erhaltenen Vierungstürmen der Gotik im deutschen Sprachraum und trat an die Stelle eines hölzernen Dachreiters aus der Erbauungszeit der Kirche. Die ingeniöse Konstruktion des Dachreiters über einem oktogonalen, pyramidenartigen Unterbau, welcher über Trompen vermittelt auf den Vierungsbögen ruht, war ursprünglich weithin sichtbar, indem die angrenzenden Dachflächen nicht, so wie heute, bis an den Turmkörper herangeführt waren, sondern in respektvollem Abstand mit senkrechten Giebelflächen ihren Abschluß fanden. Der Turm selbst besteht aus einem oktogonalen, laternenartigen Gehäuse mit einer bekrönenden Galerie, dessen Seitenflächen in voller Breite geöffnet sind, und einem ebenfalls achteckigen, durchbrochenen Maßwerkhelm. Seitlich abgestützt wird dieses filigrane Gebilde von acht freistehenden, nadelgleichen Strebepfeilerchen in der Gestalt dreiteiliger Fialengruppen, die über schmale Stege mit den Ecksporen des Kernbaus verbunden sind. Sowohl die geöffneten Seitenflächen von Oktogon und Helm als auch der Zwischenraum zwischen den Strebepfeilern und den Kanten des achteckigen Turmkörpers sind mit Maß- und Stabwerk[14] gefüllt, das in den Seitenwänden sogar zweischalig angelegt und von Wimpergen bekrönt ist. Als verantwortlichen Meister nennen uns die Quellen den Namen des Salemer Konversen Georg (Abb. 13), dem auch der Entwurf des 1410 in ähnlichen Formen errichteten Dachreiters am südlichen Giebelfeld des Sommerrefektoriums zugeschrieben werden kann. Eine sehr schöne zeitgenössische Darstellung des Vierungsturmes ist noch heute in einer Wandmalerei an der nördlichen Seite des Chorbogens im Kircheninneren erhalten, auf der Abt Peter von Gomaringen (1393-1412) der Gottesmutter als Patronin der Klosterkirche ein Modell des neuen Vierungsturmes darbietet.

Vergleicht man den Bebenhäuser Vierungsturm mit den etwa gleichzeitigen Turmprojekten Ulrichs von Ensingen in Ulm, Straßburg, Esslingen und Basel, die ja weit über den schwäbisch-elsässischen Raum hinaus vorbildhaft gewirkt haben, so verblüfft die große stilistische Distanz. In den gradlinigen, klaren Konturen des zisterziensischen Türmchens ist wenig zu spüren von der spannungsvollen Eleganz der geschweiften Wimperge und konkav geschwungenen Turmhelme Ulrichscher Prägung. Auch die massive Körperlichkeit der Wand, die reiche Profilierung der Maßwerke und ihr verwirrender Formenreichtum – alles gleichermaßen ein Erbe der Parler –, welche die Architektur Ulrichs von Ensingen auszeichnen, finden in Bebenhausen keinen Widerhall. Straff, gespannt und von zierlichen Proportionen präsentieren sich hier die Fialen und Pfeiler – eine Wirkung, die von den Maßwerken mit ihren schlichten, herz- und blasenförmigen Mustern sowie den dünnen, gratigen Profilen aufs trefflichste ergänzt wird.

Sollte in dieser doch etwas reduziert wirkenden Formensprache, die auch im Verzicht auf die Helmspangen zierenden Krabben spürbar wird, noch eine Reminiszenz an das traditionelle Bescheidenheitsgebot des Ordens verborgen sein, sozusagen der Versuch, noch in der Üppigkeit ein Maßhalten zu zeigen? Immerhin waren steinerne Dachreiter bei den Zisterziensern zunächst verpönt gewesen und sind auch in späteren Zeiten eine Ausnahme geblieben, obwohl es ab dem 13. Jahrhundert vereinzelte Beispiele gibt und sich im 14. Jahrhundert sogar der Konvent von Clairvaux, das ehemalige Kloster des heiligen Bernhard, einen steinernen Turmbau gestattete. Der Bebenhäuser

Vierungsturm stellt jedenfalls eine echte Besonderheit nicht nur innerhalb der zisterziensischen Ordensbaukunst, sondern des gesamten erhaltenen Bestandes gotischer Architektur im mitteleuropäischen Raum dar.

Die daran anschließenden Baumaßnahmen des Klosters befaßten sich mit der Erweiterung verschiedener Funktionsbereiche. So erfolgte zunächst der Ausbau des Schreibturmes, wodurch dieser sein heutiges Erscheinungsbild, jedoch ohne das oberste Fachwerkgeschoß, erhielt. Zwischen 1424 und 1473 entstand im Osten der Klausur parallel zu ihrem Vorgängerbau die neue Infirmerie, der sogenannte „Kapfsche Bau", sowie der zweigeschossige Novizenbau, „Papstbau" genannt. Dabei wurden die älteren Bestandteile - die alte Infirmerie - und die an der Stelle des Novizenbaus zuvor bereits vorhandenen Bauteile mit Kloake und Kalefaktorium in den sich nun herausbildenden Gebäudekomplex mit integriert.

Unter Abt Werner Glüttenhart (1460-1471) wurden schließlich erneut Bauvorhaben unternommen, die in erster Linie der Verschönerung des Klosters dienten und zu einem großen Teil für sein heutiges Aussehen verantwortlich sind. Dabei handelt es sich zum einen um die Einwölbung der Kirche, auf welche die Jahreszahlen 1466 und 1467 in Nordquerhaus und Vierung hinweisen, zum anderen um den Neubau des Kreuzganges. Dieser wurde in mehreren Etappen, beginnend mit den von der Funktion her wichtigsten Teilen, dem Lesegang im Norden und dem Ostflügel vor dem Kapitelsaal, im Uhrzeigersinn errichtet. So wurden ab etwa 1460 die Fundamente für den Nordflügel sowie die angrenzenden Teile des West- und des Ostflügels gelegt. Unter Abt Bernhard Rokkenbauch (1471-1493) muß dann in einer zweiten Kampagne relativ bald die Vollendung von Nord- und Ostflügel erfolgt sein, worauf die Jahreszahl 1481 über der Pforte vom Ostflügel in den Kreuzgarten und das württembergische Wappen in seiner vor

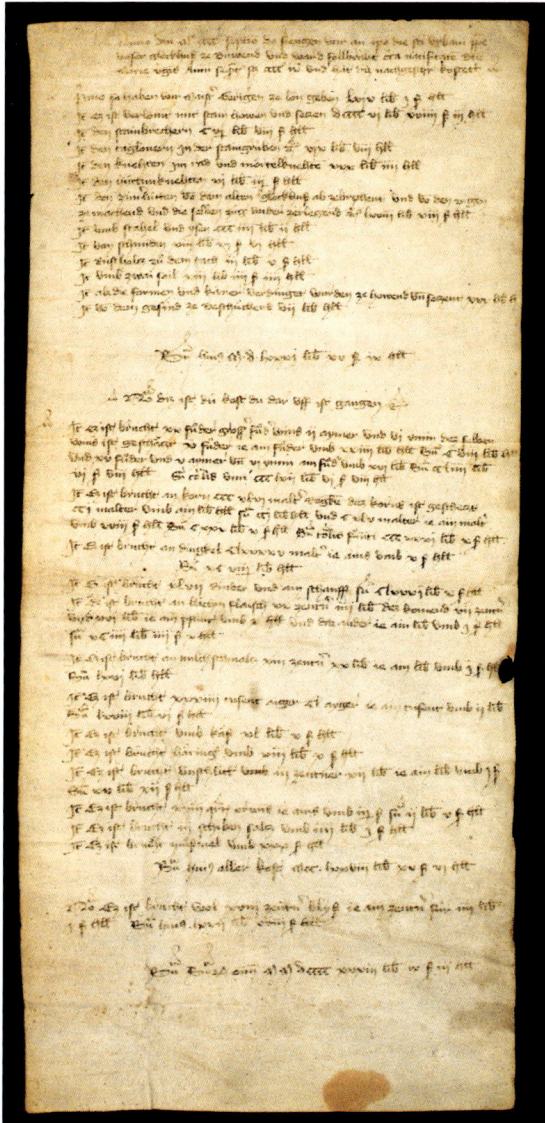

Abb. 13. Baurechnung zum Bebenhäuser Vierungsturm von 1409, Pergament .

1495 üblichen Form auf einem Schlußstein im Gewölbe hindeuten. Die dritte, anhand der Versatztechnik und Steimetzzeichen unterscheidbare Bauphase brachte die Entstehung des gesamten südlichen Kreuzgangflügels, dessen Gewölbe zwei Schlußsteine mit der Jahreszahl 1496 aufweist, sowie der Fundamente für das Brunnenhaus. Der vierte und letzte Bauabschnitt steht in Zusammenhang mit dem Umbau des Laienflügels im Westtrakt zu einem beheizbaren Winterrefektorium für die Mönche und galt schließlich der Vollendung des westlichen Kreuzgangflügels und des Brunnenhauses. Damit fallen diese Baumaßnahmen am Süd- und Westflügel bereits in die Amtszeit Abt Johannes von Fridingens (1493-1534), der als letzter der drei baufreudigen Äbte der Spätgotik amtierte und mit einer Vielzahl von Baumaßnahmen das bis heute erhaltene Erscheinungsbild der Klosteranlage zu prägen vermochte.

Unter seiner Ägide wurde das prachtvolle Winterrefektorium vollendet, wovon die Jahreszahl 1513 am nördlichen Stützpfeiler zeugt, die angrenzende Küche vergrößert und das neue Laienrefektorium eingerichtet, dessen Gewölbe das Datum 1530 trägt. Johannes von Fridingen veranlaßte auch den Umbau des Dormitoriums in den Jahren 1513 bis 1516 zu seiner heutigen Form, indem er Zellen für die Mönche, die Bibliothek, neue Fenster und einen neuen Aufgang vom Kreuzgangostflügel einbauen ließ. Die heute noch sichtbaren Jahreszahlen künden von der Ausmalung des Traktes zwischen 1523 und 1526. Der Raum über der Johanneskapelle wurde im selben Jahr für den Aufenthalt des österreichischen Erzherzogs Ferdinand im Kloster schmuckvoll ausgestattet. Gleichzeitig wurde auch der Umbau der alten Infirmerie zu einem Gästehaus, dem sogenannten „Neuen Bau", begonnen, dessen Vollendung freilich erst unter dem evangelischen Abt Bidembach gelang. Der Verbindungsgang zwischen dem Dorment und dem Neuen Bau war jedoch, wie uns eine aufgemalte Jahreszahl verrät, bereits 1515 fertiggestellt, ungefähr zur selben Zeit, zu der auch der bisher eingeschossige Südflügel mit einem Obergeschoß in Fachwerkbauweise versehen wurde. Weiterhin erfuhr der Bereich der Abtsresidenz eine weitgehende Umgestaltung, die im Jahr 1507 mit dem Bau einer neuen Abtsküche an der Stelle der um 1300 errichteten Infirmeriekapelle begann und die fast vollständige Erneuerung des südöstlichen Bereiches

der Klosteranlage mit sich brachte. Dabei wurde das Gelände aufgeschüttet, terrassiert, und von einem verstärkten Mauerzug abgestützt, an dessen Ende der Grüne Turm einen malerischen Akzent setzt. Auf die Fertigstellung dieses Komplexes verwies die Jahreszahl 1518 an dem heute leider nicht mehr erhaltenen Erkerchen, welches – dem Abt von seiner Wohnstätte aus zugänglich – einen reizvollen Blick von der Höhe der Mauerzüge gestattete. Unter Johannes von Fridingen wurde schließlich auch die Einwölbung der Klosterkirche zu Ende gebracht, worauf die Jahreszahl 1522 im Südquerhaus deutet, und die neue Sakristei im südlichen Chorwinkel begonnen, wodurch der Abriß einer bestehenden Empore im Südquerhaus, die in ihrem Untergeschoß wohl als Custoria gedient hatte, ermöglicht wurde.

Kunsthistorisch gesehen am bedeutendsten sind unter der beeindruckenden Fülle dieser Erweiterungs- und Verschönerungsmaßnahmen sicherlich der Neubau des Kreuzganges und die neuen Räume im Westtrakt, das Winterrefektorium und das Laienrefektorium. Gerade die beiden letzteren zeigen anschaulich die Situation des Klosters am Vorabend der Reformation. Während die schrumpfende Zahl an Laienbrüdern eine Umnutzung des Laienrefektoriums als winterlichen Speisesaal der Mönche ermöglichte, konnte sich der Konvent einer großen Wohlhabenheit und einer langen Tradition erfreuen. Daß man sich dieser Geschichtlichkeit durchaus bewußt war, zeigen die anachronistisch wirkenden, massiven gepflockten Rippen, welche die Gewölbe des neuen Laienrefektoriums tragen und die deutlich auf die Architektur der aus der Anfangszeit des Klosters stammenden Räume im Osttrakt der Klausur verweisen. Sollte hier ein Zug von Wehmut angesichts der großen Vergangenheit vor dem Hintergrund reformatorischer Angriffe spürbar werden? Immerhin ist in dem gemütlichen, beheizbaren und holzgetäfelten Saal des Winter-

Abb. 14. Laienrefektorium.

refektoriums, der so sehr an profane Repräsentationsräume der Schlösser und Rathäuser dieser Zeit erinnert, wenig von zisterziensischer Kargheit zu spüren.

Ähnlich prachtvoll muß das ursprüngliche Erscheinungsbild des Kreuzganges gewesen sein, von dem uns Quellen berichten, daß zu seinem gestalterischen Konzept auch die teilweise farbige Verglasung der Maßwerkfenster gehörte. Doch auch die noch erhaltene Architektur alleine vermag mit ihren äußerst dekorativen, in jedem Flügel unterschiedlich gestalteten Netz- und Sterngewölben sowie den mannigfaltigen Varianten der Fenstermaßwerke einen guten Eindruck von der spätgotischen Schmuckfreude der Erbauer zu vermitteln. Wie bereits Mathias Köhler richtig erkannt hat, stellt der zweite Bebenhäuser Kreuzgang gleichsam eine Summe der württembergischen Bauschulen des späten 15. Jahrhunderts dar. Dabei gelang eine Synthese der typischen Merkmale des Schaffens von Aberlin Jörg, dem Hofbaumeister der Stuttgarter Linie des Hauses Württemberg, - beispielsweise die rhythmisch alternierenden Ansatzhöhen der Gewölberippen im Südflügel oder die relativ konservativen regelmäßigen Netzgewölbe auf stabilen Diensten - mit solchen der Uracher Schule um Peter von Koblenz, wie sie in den gebrochenen Rippenläufen, dem Blattschmuck im Fenstermaßwerk (beides im Nordflügel) oder dem originellen Sternennetz, welches den südlichen Kreuzgang überwölbt, zu erkennen sind.

In dieser engen Verbindung zu den Baugewohnheiten der Württemberger spiegelt sich sicherlich das große Engagement der Bebenhäuser Äbte jener Zeit, vor allem Johannes von Fridingen,[15] in der württembergischen Landespolitik. Weitere Hinweise auf diese Orientierung sind auch in den zahlreichen württembergischen Wappen im Kreuzgang und in dem ambitionierten ikonographischen Programm, nach dem die Ausstattung des Winterrefektoriums konzipiert ist, zu sehen, welches neben den Wappenschildern Württembergs, denen des Ordens sowie der Pfalzgrafen von Tübingen als Stifter auch diejenigen des Reiches und der Kurfürsten zeigt. So finden wir bereits in vorreformatorischer Zeit den Grundstein gelegt für die besondere Rolle, die das Kloster auch in späterer Zeit als historischer Schauplatz in der Geschichte des Landes einnehmen sollte. Auch vor diesem Hintergrund ist die Bebenhäuser Klosteranlage mit ihren architektonischen Kunstwerken von allerhöchstem Rang ein stolzes Erbe und eine gleichzeitige Verpflichtung für heutige und kommende Generationen.

Anmerkungen

1   Köhler 1995.
2   Dazu auch Schwitalla 1998, die vor allem den einmaligen Bestand historischer Bodenfliesen behandelt.
3   Köhler 1995, S. 200.
4   Die Kapelle ist auf dem Tafelbild mit der Bernhardsminne im Südquerhaus der Kirche dargestellt. Vgl. dazu Schwitalla 1998.
5   Das Datum 1335 überliefert uns Crusius in seinen 1595 erschienen Annales Suevici. Diese zeitliche Einordnung wird auch durch die dendrochronologische Datierung originaler Hölzer im Dachstuhl auf 1333/34 unterstützt; Köhler 1995, S. 244ff..
6   Zum mittelalterlichen Stifterwesen und Memorialdienst: Schleif 1990.
7   Dazu Clasen 1958, S. 53f.
8   Dazu Kurmann 1975.
9   Dazu Clasen 1958.
10   Dazu Recht 1974.
11   Dazu Schurr 1998.
12   Im Bestand der Tübinger Universitätsbibliothek; für diesen Hinweis sei Frau Ursula Schwitalla herzlich gedankt.
13   Caston 1997, S. 113.
14   Die Stäbe sind im heutigen Zustand nur noch in ihren Ansätzen zu erkennen; sie sind vermutlich späteren Baumaßnahmen zum Opfer gefallen oder möglicherweise auch gar nicht ausgeführt worden; vgl. Köhler 1995, S. 36; Caston 1997, S. 114.
15   Dazu Sydow 1984.

Zur Geschichte der Bibliothek des Klosters Bebenhausen

Ursula Schwitalla

Ein mittelalterliches Sprichwort lautet: Ein Kloster ohne Bücher ist wie eine Burg ohne Wehr. Bücher waren eine unabdingbare Voraussetzung für monastisches Leben - zur Liturgie, zum Studium, zur Kontemplation und zur Abschrift lagen sie täglich in den Händen der Mönche.

Die reiche Abtei in Bebenhausen muß bis zur Reformation auch einen stattlichen Bestand an Handschriften, Inkunabeln und frühen Drucken in ihrer Bibliothek verwahrt haben. Sie erfuhr jedoch dasselbe Schicksal wie alle unter den württembergischen Herzögen aufgelösten Konvente: Ihre Bibliothek wurde aufgelöst, bis auf eher zufällig erhaltene Bücher zerfleddert und zerstört. Aufgrund der damals noch wenigen bekannten Bebenhäuser Handschriften vermutete Sydow noch 1984, daß die Klosterbibliothek „nicht sehr umfangreich war" und daß aus den wenigen „Bruchstücken gleichwohl ein Bild nicht zusammenzusetzen ist."[1]

Doch mit den katholischen Mönchen, die Bebenhausen zweimal verlassen mußten - 1535 nach der Einführung der Reformation und endgültig 1560 nach einem kurzen Interim von elf Jahren -, war auch ein großer Teil der Bibliothek geflüchtet worden. Die „alten Christen", die das angebotene Leibgeding, eine Rente des württembergischen Herzogs nicht annehmen und ihrem Glauben treu bleiben wollten, nahmen auf ihrem Weg ins Exil Handschriften und Drucke aus Bebenhausen mit.

Diesen Wegen muß man heute folgen, will man zerstreute Spolien der alten Klosterbibliothek aufspüren. Aber nicht nur die Wege der Mönche führen auf die Spur der Bücher. Die Codices selbst verraten ihre Provenienz, wenn sie etwa noch den Einband der Klosterbuchbinderwerkstatt tragen oder mit Kauf- und Besitzeinträgen über ihr Herkommen berichten. Aufgrund neuer „Spurensuche" kennen wir heute die beachtliche Zahl von 22 Handschriften, die im Kloster Bebenhausen größtenteils im 15. Jahrhundert entstanden sind, sowie 54 Inkunabeln und frühe Drucke, die einst der Klosterbibliothek angehört hatten. Aus der Frühzeit des Klosters kennen wir keine Handschriften, obwohl wir davon ausgehen müssen, daß schon 1189 der Gründungskonvent aus dem Mutterkloster Schönau entsprechend der Ordensvorschrift die notwendigen liturgischen Handschriften mit sich geführt hatte, und daß auch in Bebenhausen das Schreiben eine der wichtigen Aufgabe der Mönche war.

Das Armarium, der Raum für die Bücher

Die Lage des sogenannten Armariums[2], der Bibliothek des Klosters, war in den Ordensvorschriften zwischen Kirche und Kapitelsaal vorgesehen. In Bebenhausen befindet sich an dieser Stelle die alte Sakristei, in deren westlichem Teil die erste Bibliothek des Klosters untergebracht war. Vor dem Umbau im 19. Jahrhundert hatte der Raum zwei Tonnengewölbe aus Stein und ein rundbogiges Portal sowie die heute noch sichtbare Durchreiche für Bücher in den Kreuzgang (Abb. 1).[3] Hier konnten sich die Mönche für die Lektüre im Kreuzgang Bücher aushändigen lassen. Drei weitere Räume für Bibliothek und Scriptorium wurden später im Obergeschoß des Ostflügels, im nordöstlichen Bereich des Dormitoriums eingerichtet.[4] Erste Bibliotheksverluste hatte das Kloster in den Bauernkrie-

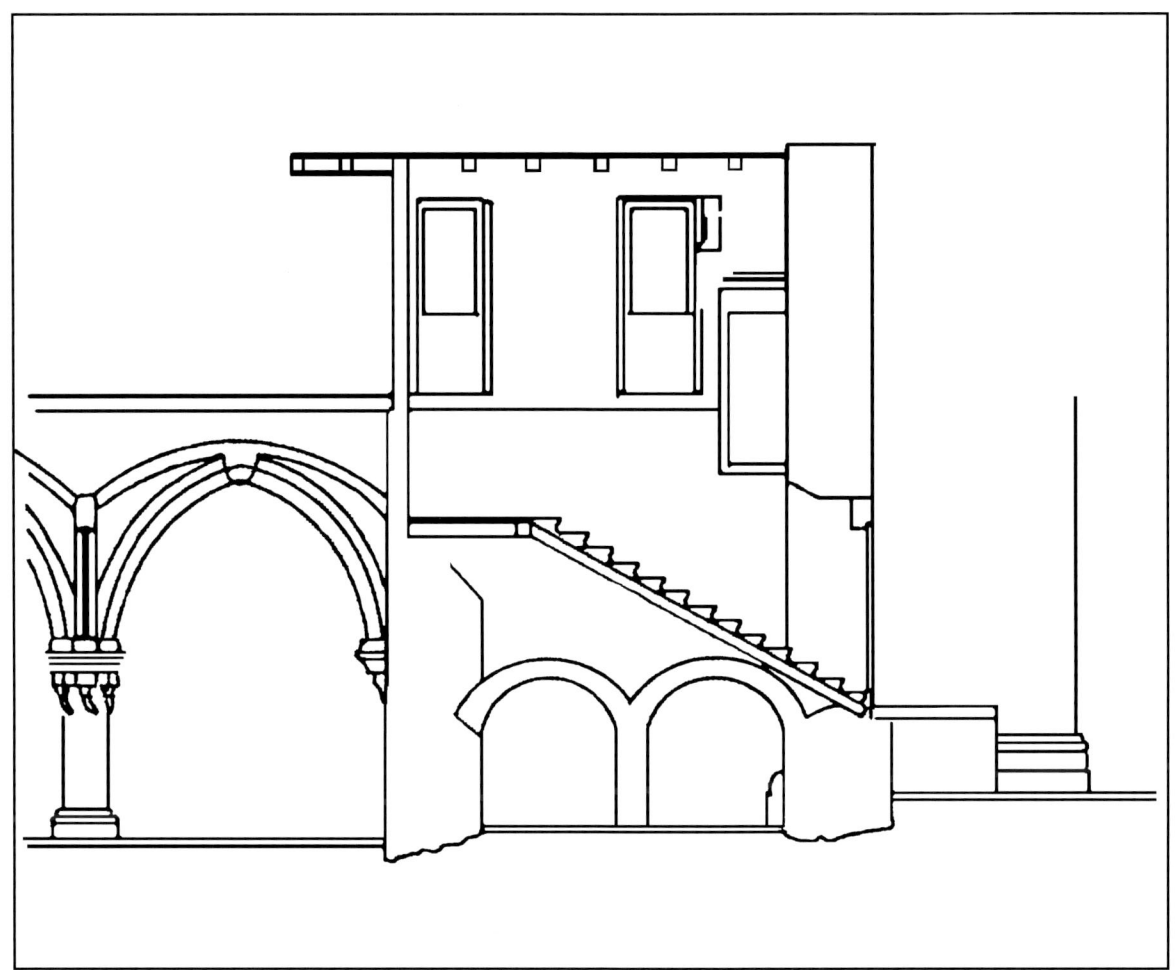

Abb. 1. Armarium 19. Jahrhundert, Schnitt Bayer.

gen 1525 erlitten. Martin Crusius berichtet von Zerstörungen in den Bibliotheken[5] und bestätigt damit, daß die Bücher im Kloster in verschiedenen Räumen aufbewahrt wurden. Darüber hinaus waren die liturgischen Handschriften für den täglichen Gebrauch wie üblich in der Kirche selbst ausgelegt.

Bibliotheksbestände

Wie bei einem Zisterzienserkloster kaum anders zu erwarten und aufgrund der bescheidenen Relikte der Bibliothek auch nicht zu belegen, kennen wir weder Buchkünstler, kaum Schreibermönche, noch sind wir über besondere Bücherkäufe des Klosters informiert.[6] Ganz uninteressant kann der Bestand

der Klosterbibliothek jedoch nicht gewesen sein, denn im Jahr 1510 bemühte sich der Tübinger Theologe Johannes Reuchlin, für den Basler Drucker Johannes Amerbach in der Bibliothek des Klosters lohnende Handschriften ausfindig zu machen.[7] Ein Jahr später schreibt Reuchlin an Amerbach, daß er in Bebenhausen einen Rufinus-Text und Exzerpte aus dem „Hieronymus" des Johannes Andreae, eine päpstliche Bulle für den Hieronymitenorden sowie ein weiteres Werk des Hieronymus gefunden habe, nichts davon aber ausgeliehen werden könne, auch nicht gegen Kaution.[8] Er bittet um Nachricht, ob er einen Schreiber mit der Anfertigung von Abschriften beauftragen solle; über die Antwort sind wir nicht informiert.

IN DORMITORII STRVCTVRA VIRGO LABORAT,
ÆNNOQ: IN PRIMO DVM PROBAT ASTRA PETIT.

Abb. 2. Vita der heiligen Hildegund, Kloster Schönau, Zeichnung aus dem frühen 16. Jahrhundert.

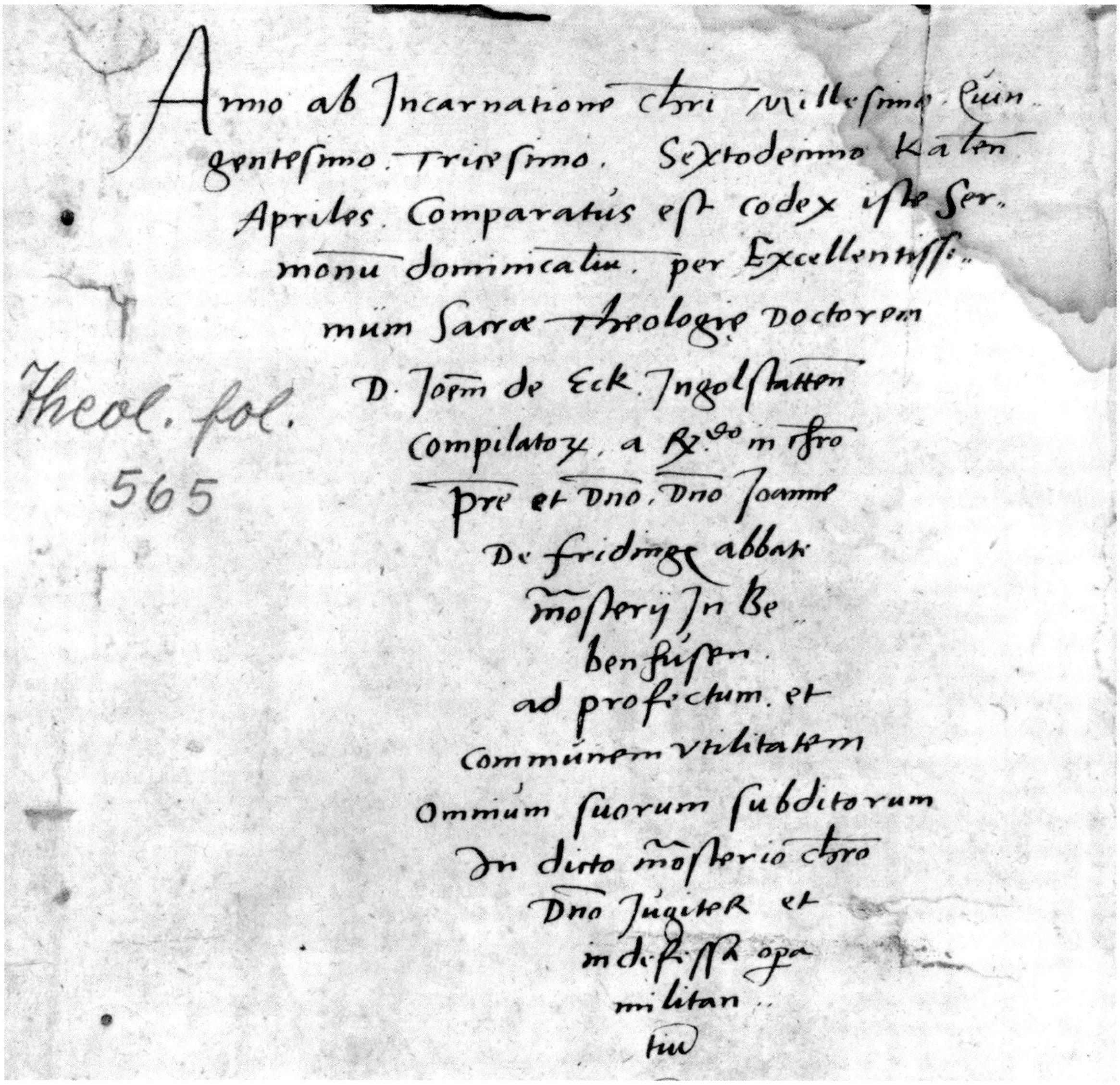

Abb. 3. Widmung des Abts Johannes von Fridingen.

Einen nicht alltäglichen Besitz hatte das Kloster nach Hirsau zur Abschrift ausgeliehen: eine Handschrift mit dem Kommentar des lothringischen Abts Smaragdus von Saint-Mimiel.[9] Dieses Werk war im späten 9. Jahrhundert entstanden; aus welcher Zeit die in Bebenhausen befindliche Abschrift stammte, ist nicht mehr zu ermitteln, da der Kodex verloren ist. Kenntnis von dieser Leihgabe erhalten wir durch eine Hirsauer Handschrift.[10] Darin ist ein Brief überliefert, in welchem sich

der Bebenhäuser Prior Ludovicus[11] nach der Handschrift aus Bebenhausen erkundigt. Neben dem Hinweis auf diese seltene Handschrift ist allein der Büchertausch zwischen den Benediktinern in Hirsau und den Zisterziensern in Bebenhausen bemerkenswert. Ein Büchertausch mit dem ehemaligen Zisterzienserkloster Herrenalb ist ebenfalls durch einen heute im Stuttgarter Hauptstaatsarchiv befindlichen Bebenhäuser Briefsteller belegt: 1493 erhält das Kloster Bebenhausen eine Büchersendung aus Herrenalb mit den gedruckten Werken des Antoninus Florentinus und des Franciscus de Platea.[12] Eine wissenschaftliche oder literarische Tätigkeit der Mönche in Bebenhausen selbst ist aus den erhaltenen Quellen nicht zu belegen. Möglicherweise aber entstand die Vita der heiligen Hildegund[13] in Bebenhausen, da jener Mönch, der gleichzeitig mit ihr Novize in Schönau war, als Mitglied des Gründungskonvents nach Bebenhausen gekommen war. Hildegund, die Tochter eines Kaufmanns aus Neuß, hatte um 1183 ihren Vater auf einer Pilgerfahrt ins Heilige Land in Männerkleidung und unter dem Namen Josef begleitet. Von dort zurückgekehrt, trat sie als Novize in das Kloster Schönau ein. Noch während des Noviziats starb sie, und erst auf dem Totenbett wurde ihre wahre Identität entdeckt. Eine Zeichnung des frühen 16. Jahrhunderts, nach einer älteren Vorlage in Schönau entstanden, hält diese ungewöhnliche Episode aus dem dortigen Klosterleben fest (Abb. 2). In bescheidener Form entstanden in Bebenhausen Aufzeichnungen zur Geschichte des Konvents. Gegen Ende des 13. Jahrhundert wurden die „Annales Monasterii Bebenhusani" im Kloster verfaßt und von dem Mönch Ulrich von Baldeck zu Beginn des 16. Jahrhunderts fortgesetzt.[14]

Es ist nicht bekannt, ob Mönche aus Bebenhausen zum Studium an das ordenseigene Zisterzienserkolleg nach Paris entsandt wurden.[15] Erst nach der Gründung des ordenseigenen St. Jakob-Kollegs in Heidelberg 1391 sollten jeweils zwei Mönche aus den südwestdeutschen Zisterzen dort studieren. Im Jahr 1518 ließ sich das Kloster Bebenhausen von dieser Verpflichtung befreien, bis mit der Schließung des Kollegs 1523 ein Studium von Bebenhäuser Mönchen in Heidelberg auch nicht mehr möglich war. 43 Mönche aus Bebenhausen waren in Heidelberg immatrikuliert, sechs Mönche an der 1477 neu gegründeten Universität von Tübingen, und ein Mönch ging 1502 zum Studium nach Bologna.[16] Die Verbindung zur Tübinger Universität wurde vor allem durch den letzten Abt Johannes von Fridingen intensiv gepflegt. Ihm, dem großen Gegner der Reformation, war an einer soliden theologischen Ausbildung seiner Mönche gelegen, wie wir einem Eintrag in einem frühen Druck der „Christlichen Auslegungen" der Evangelien des Johannes Eck, WLB Theol.fol.565, entnehmen können. Dort nennt er die Gründe warum er selbst diesen Druck für den Konvent 1530 erworben hatte: „zur Bereicherung und zum allgemeinen Nutzen aller seiner Untergebenen in besagtem Kloster ... zur ständigen Verfügung und zur Verteidigung des alten Glaubens" (Abb. 3). Nur fünf Jahre später mußten die Verteidiger des alten Glaubens das Kloster verlassen.

Wege der Mönche

Kloster Salem

Als im Juli 1535 Herzog Ulrich die Klosterordnung für die württembergischen Klöster erließ, unterschrieben 18 Mönche des Konvents in Bebenhausen, daß sie aus „Unverstand" ins Kloster eingetreten seien, worauf sie ein jährliches Leibgeding von 40 Gulden erhielten und das Kloster verlassen konnten. 14 Mönche, die auf der Konventsliste von 1534 als die „alten Christen" bezeichnet wurden, zogen im November desselben Jahres in das Kloster Salem.[17]

Einer dieser Mönche war Felix Huber, der 1488 im Zisterzienserkolleg St. Jakob an der Heidelberger Universität immatrikuliert war. Nach Salem nahm er etliche Handschriften mit. Sie enthielten vor allem Predigtsammlungen und waren von ihm selbst zwischen 1507 und 1519 geschrieben worden. Mit der Salemer Klosterbibliothek kamen die Handschriften 1827 an die Universitätsbibliothek Heidelberg und werden dort unter den Signaturen Cod.Sal. VIII 39, 51, 52, 68, 80 und 98 aufbewahrt.[18]

Wir kennen Felix Huber aber auch als Besitzer von gedruckten Werken. Allein in acht

Inkunabeln vermerkte er, wann und zu welchem Preis er die Bände erworben hatte. Wie etwa in einer Inkunabel der WLB: „Iste liber comparatus est per fratrem felix huber de kirchen per 22 albis in alma universitate haidelbergensi Anno domini 1489."[19]

Felix Huber scheint, wie dies auch von anderen Mönchen bekannt ist, eine kleine Privatbibliothek gepflegt zu haben, was allerdings einen Verstoß gegen die Ordensregel bedeutete. So läßt sich auch der ihm vom Generalkapitel im Jahr 1507 erteilte Dispens wegen „Verstoß gegen Eigentum" erklären.[20]

Als Felix Huber Bebenhausen verlassen mußte, ließ er im Gegensatz zu den Manuskripten die gedruckten Inkunabeln offensichtlich in Bebenhausen zurück. Nach seinem Tod 1558 nahmen die Bebenhäuser Konventualen im Jahr 1559 einige seiner Bücher ins Exil nach Pairis mit. Sie finden sich heute im Bestand der Colmarer Bibliothèque de la Ville (IV 8335, I 5859, XI 9452, IV 8075). Eine weitere von ihm erworbene Inkunabel wurde 1870 von Colmar nach Straßburg transferiert, um die dort zuvor zerstörte Bibliothek von neuem mit aufzubauen (C 70).

Kloster Pairis

Bei seinen Untersuchungen über die Bibliotheksgeschichte des Zisterzienserklosters Maulbronn folgte Eberhard Gohl den Wegen der Maulbronner Mönche in das Elsaß. In der Bibliothek von Colmar stieß Gohl auf beachtliche Bestände nicht nur der Maulbronner, sondern auch der Bebenhäuser Klosterbibliothek.[21] Die Erklärung ist einfach: Die Konventualen von Maulbronn waren 1535 in das Kloster Pairis gezogen, das seit 1452 Maulbronn als Priorat unterstellt war, und hatten Kleinodien, Archivalien und Bücher mit sich geführt.

Aber auch Mönche aus Bebenhausen fanden Zuflucht in dem elsässischen Kloster, und auch sie brachten eine beträchtliche Zahl an Büchern dorthin. Der zweite, endgültige Auszug des nach dem kurzen Interim nurmehr

kleinen Konvents in Bebenhausen führte die letzten drei jungen Mönche Thomas Henselmann, Jakob Beitter und Georg Münsinger von Frundeck mit ihrem alten Prior Leonard Jos im Jahr 1559 nach Pairis im Elsaß.[22] Zurück blieben zwei alte Konventualen, der Subprior Johannes Mayer, der kurz darauf starb, und Wendelin Wertz, der als letzter katholischer Konventuale bis zu seinem Tod am 12. Dezember 1564 noch im Kloster Unterhalt erhielt.[23]

Die Mönche aus Bebenhausen scheinen mit großem Gepäck ins Elsaß gereist zu sein. Von der vorderösterreichischen Regierung wurde im Januar 1578 ein Inventarverzeichnis des „Gottshaus" Pairis[24] erstellt unter der Mitwirkung des Bebenhäuser Konventualen Thomas Henselmann, des damaligen Statthalters von Pairis. Aufgrund seiner Hinweise wurde im Verzeichnis bei den aus Bebenhausen mitgebrachten Dinge vermerkt: „haben die baide Herrn Conventualen mit inen von Bebenhausen gebracht". Es werden immer nur zwei Konventualen genannt, da der alte Prior Leonard Jos bereits 1562 und Jakob Beitter noch jung an Jahren 1566 verstorben waren. 1578 lebten also nur noch die beiden Konventualen Thomas Henselmann und Georg Münsinger im Pairiser Kloster.

Dem Gottesdienst im rechten Glauben hatte die Sorge der geflüchteten Mönche gegolten. So erfahren wir aus dem Inventar, daß sie aus Bebenhausen zwei „Köpf [große Becher], darinnen reliquie sanctorum", sowie ein „gut meßbuch Costantz bistumb in braun eingebunden" mit sich geführt hatten. Das „geschrieben Pergamentin Breviarium so geen Bebenhausen gehörig gewesen, Ordinis Cisterciensis, mit einer haut überzogen in quart eingebunden" könnte identisch sein mit dem heute in der Colmarer Bibliothek aufbewahrten Brevier MS 462, das im Jahr 1502 von dem Bebenhäuser Mönch Johannes Sartoris geschrieben, dem damaligen Bebenhäuser Prior Felix Huber[25] gewidmet und mit dem schönen Einband der Klosterbuchbinderwerkstatt gebunden worden war.

Über „Kleinodien" lesen wir in dem Verzeichnis,[26] daß Georg Minsinger nicht nur ein „hübsch hülzin Cruzifix" und eine „eingefaßte Monstranzen, darinnen das Bild Christi gemalt", sondern auch einen „silbere[n] Dischbecher innwendig vergült" sein eigen nannte, und daß Thomas Henselmann ein „hültzins Becherlin mit Silber eingefaßt, sambt einem Deckhel, daruf Michel Stoppers selig Wapen gestochen" besaß. Michael Stopper, Pfleger des Klosterhofes in Stuttgart, war nach der Reformation mit einer stattlichen Barschaft und Kleinodien nach Radolfzell geflüchtet. Nach seinem Tod am 10. Mai 1563 war sein Nachlaß vom württembergischen Herzog für das Kloster Bebenhausen eingefordert und endlich am 1. März 1564 vom Bürgermeister der Stadt Radolfzell ausgehändigt worden.[27] Aus diesem Nachlaß hatte Thomas Henselmann offensichtlich den Becher erhalten, denn er vermerkte weiter, daß dieses „becherlin im Zellischen [Radolfzell] Inventario begriffen"[28] ist. Bücher sind darin aber nicht genannt; sie kamen somit nicht, wie Gohl vermutete, dem Pairiser Konvent zugute.[29]

Im Inventar wird in der langen Auflistung der Buchbestände des Klosters in seinen verschiedenen Räumen gesondert aufgeführt, was zur dennoch reichen Ausstattung der Konventualen aus Bebenhausen gehörte. Vor allem in der Kammer Georg Minsingers findet sich eine stattliche Privatbibliothek, die zusammen mit der Bibliothek des verstorbenen Jakob Beitter immerhin etwa 143 Bände umfaßte: „drey gstell vol allerlai bücher darunder Ecklius (!), Ferus, Calepinus, postilla Brentii, Cornucopiae, Grammaticalia uf 60 bücher ungevär. die des Jacobi Beitter seligen gewest sein sollen. Item zwai lange gestell voll schöner bücher, namblichen 83 darund 26 grosse. die andere kleiner so herr Minsinger anspricht".[30] Offensichtlich hatte sich der junge Konventuale Jacob Beitter intensiv mit dem neuen Glauben auseinandergesetzt: unter seinen Büchern finden sich auch die Postillen über die Evangelien des würt-

tembergischen Kirchenreformators Johannes Brenz. Auch für die Kammer des Statthalters Thomas Henselmann werden „12 groß und 40 kleine bücher ungefar"[31] genannt. Im Inventarium der „Stuben Cammern" lassen sich möglicherweise auch die drei Bände der Sermones von Gabriel Biel aus dem Besitz des Bebenhäuser Mönches Matthäus Sibolt aus Lustnau identifizieren.[32] Er war 1483 in Tübingen immatrikuliert,[33] bezeichnete sich in seinen Besitzeinträgen von 1497 und 1500 als Konversenmeister[34] und hatte die Predigtsammlungen Biels wohl für seine Aufgabe als Seelsorger genutzt. Sicher war er im Jahr 1559 bereits verstorben, und die Bebenhäuser Konventualen führten auch aus seiner Privatbibliothek einzelne Werke mit sich nach Pairis.

Mit den beiden genannten liturgischen Handschriften - dem Meßbuch und dem Brevier -, den drei Bänden des Matthäus Sibolt und den Büchern der beiden Bebenhäuser Konventualen, erfuhr die Pairiser Bibliothek einen Zuwachs von etwa 200 Büchern. Man kann allerdings nicht davon ausgehen, daß alle Bände aus Bebenhausen stammten, denn bis zur Erstellung des Inventariums waren seit der Ankunft der Bebenhäuser immerhin 19 Jahre vergangen, und das in einer Zeit, in denen der Buchdruck die Herstellung und den Erwerb von Büchern geradezu in großer Anzahl ermöglichte. Sicher hatten auch die Bebenhäuser Konventualen in dieser Zeit ihre Privatbibliotheken erheblich erweitert.

Nach der Französischen Revolution wurde ein beachtlicher Rest des Bibliotheksguts der Bebenhäuser Konventualen mit der Bibliothek des Klosters Pairis und den importierten Beständen aus Maulbronn in die Bibliothèque de la Ville von Colmar transferiert; dort werden die Bände bis heute verwahrt. Ein sicheres Indiz dafür, daß einzelne Bücher oder Handschriften tatsächlich aus der Bibliothek des Klosters Bebenhausen stammen, liefern datierte Einträge aus der Zeit vor 1559 und vor allem der Einband der Klosterbuchbinderwerkstatt in Bebenhausen.

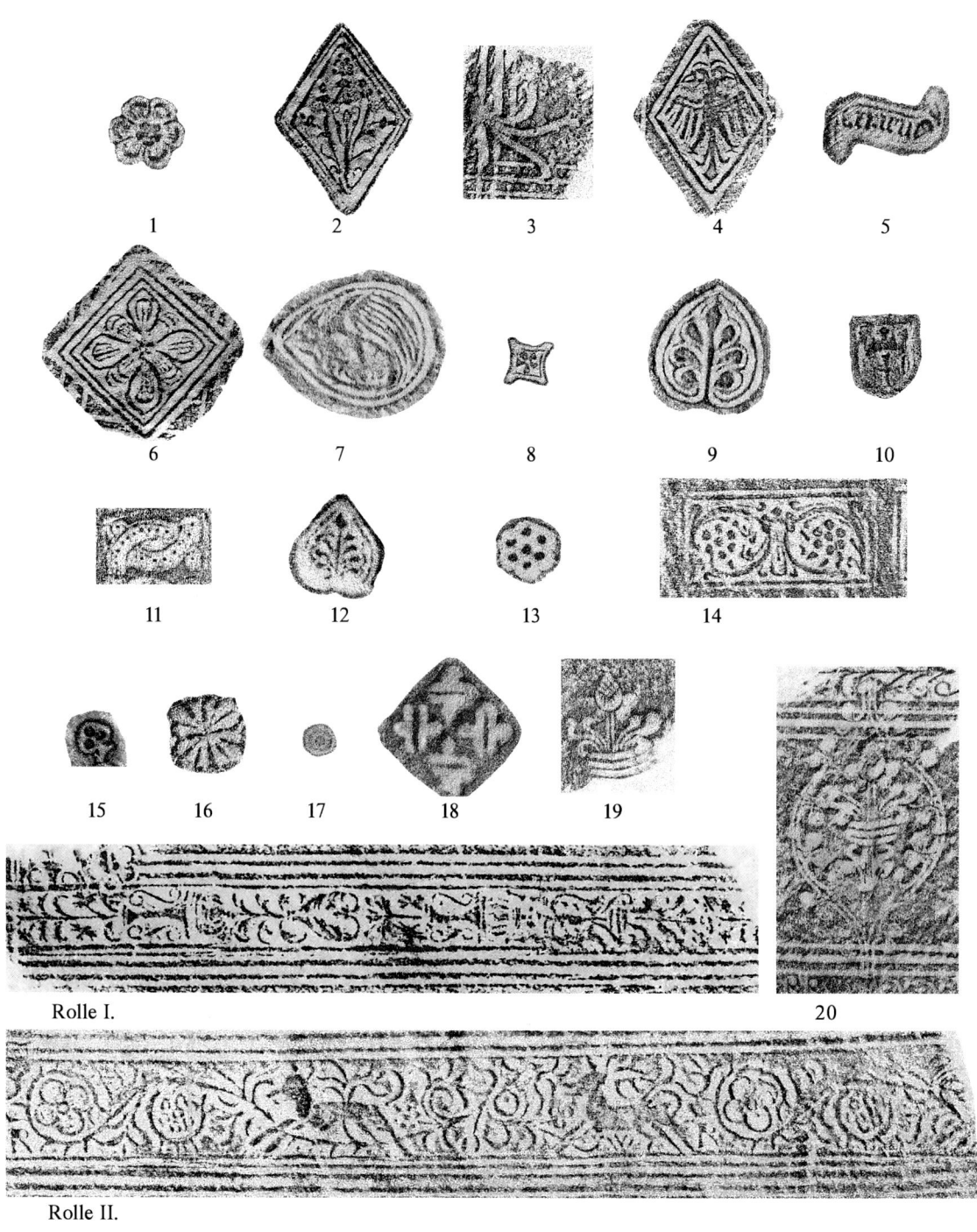

1   2   3   4   5

6   7   8   9   10

11   12   13   14

15   16   17   18   19

Rolle I.   20

Rolle II.

Abb. 5. Stempel der Buchbinderwerkstatt des Klosters Bebenhausen.

Die Buchbinderwerkstatt
des Klosters Bebenhausen

Die bei Kyriß noch anonyme Werkstatt 145, Eichelstrauß I, die von 1473 bis 1530 nachweisbar ist, wurde erstmals von Peter Amelung als die Buchbinderwerkstatt des Klosters Bebenhausen identifiziert.[35] Archivgut aus dem Kloster Bebenhausen, das in diesen Einbänden eingebunden war,[36] wie auch vom Binder verwendete Makulatur - Pergamenturkunden, die nicht mehr gebraucht wurden und Hinweise auf das Kloster Bebenhausen beinhalten - sind sichere Indizien für eine eigene Werkstatt.

Daß die Arbeit der Klosterwerkstatt geschätzt wurde, können wir in einem Brief aus dem Jahr 1481 an den Prior in Bebenhausen lesen. Darin bedankt sich Ottilie von Fridingen, die Schwester des letzten Abtes vor der Reformation, Johannes von Fridingen, für eine Handschrift, die sie zum Binden nach Bebenhausen geschickt hatte, mit der Bemerkung, daß der Einband die Arbeit „eines guten Werkmeisters" sei.[37]

Die Einbände der Klosterwerkstatt sind zumeist in weißem oder braunem, seltener in rotem Leder (Abb. 6 und 7) über abgeschrägten Holzbrettern gezogen und individuell mit verschiedenen Stempeln oder einer Rolle verziert (Abb. 4). Den bei Kyriß gezeigten zehn Stempeln konnte Amelung 1990 für den Aufsatz von Eberhard Gohl weitere acht Stempel und eine Rolle hinzufügen. Zusätzlich sind zwei Stempel und eine weitere Rolle zu ergänzen (Abb. 5).

Eberhard Gohl spricht irrtümlich von Einbänden der Bebenhäuser Buchbinderwerkstatt mit den Leitstempeln „Markuslöwe" und „Katharina".[38] Der erste ist der Einband des Tübinger Buchbinders Johannes Zoll, der zweite Einband mit dem Stempelbild der heiligen Katharina (Kyriß 152) entstammt einer Werkstatt, die in Heidelberg ansässig war. Trotz der von Amelung richtig zusammengestellten Bebenhäuser Werkstattstempel wurden gleichzeitig die Angaben von Gohl zu den

Abb. 4. Einband aus der Buchbinderwerkstatt des Klosters Bebenhausen.

angeblichen Bebenhäuser Einbänden in Colmar mit zum Teil falschen Schlußfolgerungen veröffentlicht.[39]

Anhand des Einbandes der Klosterwerkstatt lassen sich nach unserer heutigen Kenntnis 16 Handschriften der Klosterbibliothek nachweisen: sechs Handschriften befinden sich in der Universitätsbibliothek Heidelberg,[40] fünf Handschriften in der Bibliothèque de la Ville Colmar,[41] zwei Handschriften in der Württembergischen Landesbibliothek Stuttgart[42] und drei eher als Archivgut anzusehende Sammelhandschriften im Hauptstaatsarchiv Stuttgart.[43] Aufgrund der genannten Schreiber können weitere fünf Handschriften ohne Einband der Klosterwerkstatt ebenfalls Bebenhausen zugewiesen werden.[44]

Weit größer ist die Anzahl von Inkunabeln mit 32 Bänden und von Drucken des 16. Jahrhunderts mit sechs Bänden, die den Einband der Klosterwerkstatt erhielten. So finden sich 17 Inkunabeln in der Württembergischen Landesbibliothek Stuttgart und je eine in der Sigmaringer Hofbibliothek und der Staats- und Stadtbibliothek Augsburg.[45] Den vier von Gohl bereits in Colmar nachgewiesenen Inkunabeln können weitere vier hinzugefügt werden.[46] Darüber hinaus tragen zwei Inkunabeln in der Münchner Staatsbibliothek,[47] eine Inkunabel in der Staatsbibliothek Regensburg, Staatsbibliothek,[48] ein Band in der Tübinger Universitätsbibliothek[49] und ein Band im Rottenburger Priesterseminar[50] den Bebenhäuser Einband. Bei den Drucken des 16. Jahrhunderts sind den vier von Amelung bereits genannten Stuttgarter Bänden noch zwei weitere in Colmar hinzuzufügen.[51]

Von besonderem Interesse ist der Weg der Stuttgarter Inkunabel Inc.4° 16095 B 128. Die von Gabriel Biel 1493 herausgegebenen Statuten des Stiftes St. Peter zum Einsiedel sind mit dem Einband des Klosters gebunden, erhielten aber im Jahr 1594 und 1596 das Exlibris des Tübinger Schloßhauptmanns Nikolaus Ochsenbach (1562-1623). Die Inkunabel gehörte zu diesem Zeitpunkt also in die bedeutende Bibliothek der Familie Ochsenbach.[52] Nikolaus Ochsenbach war nicht nur sehr belesen, sondern er fertigte selbst topographische Ansichten an, wie mehrere von seiner Hand gezeichnete Stadt- oder Burgansichten der Tübinger Region belegen. In der hier genannten Inkunabel aus der Klosterbibliothek finden sich neben Portraits beider Grafen Eberhard von Württemberg und Barbara Gonzagas auch die stattliche, nachträglich eingeklebte Federzeichnung des Klosters Bebenhausen von der Hand des Nikolaus Ochsenbach. Er muß sie noch kurz vor seinem Tod nach dem bekannten Holzschnitt von 1622 gefertigt haben.

Bereits im Besitz seines Bruders Johann Hermann Ochsenbach befand sich eine Sammelhandschrift aus dem Kloster, ebenfalls in der Klosterwerkstatt gebunden, die heute im Hauptstaatsarchiv unter der Signatur J 1 Nr.

206 aufbewahrt wird.[53] Der Sohn des Tübinger Schloßhauptmanns Johann Friedrich Ochsenbach übernahm die Sammlung seines Vaters, trat wieder zum katholischen Glauben über und verbrachte seine letzten Jahre im Kloster Weingarten.[54] Nach seinem Tod 1658 wurden die Bücher der Ochsenbachs in die Bibliothek dieses Klosters übernommen und erhielten den Eintrag „Monasterii Weingartensis 1659". Mit dem Bibliotheksgut Weingarten kam auch der Nachlaß Ochsenbach an die Württembergische Landesbibliothek.

Fremde Einbände

Eine ganze Reihe von Inkunabeln aus der Bebenhäuser Bibliothek tragen nicht den Einband der Klosterwerkstatt, sondern sind in fremden Werkstätten gebunden worden. Glücklicherweise belegen Kaufeinträge die Bebenhäuser Herkunft. Wie schon erwähnt findet sich mehrfach der Eintrag von Felix Huber: „iste liber comparatus est in alma universitate haidelbergensi", meist noch ergänzt mit dem genauen Kaufpreis des Druckwerkes. Während ihres Aufenthalts am St. Jakobs-Kolleg in Heidelberg haben Konventualen in der Universität Heidelberg offensichtlich in größerer Zahl Inkunabeln und frühe Drucke erworben und diese gleich in einer Werkstatt vor Ort binden lassen.[55] Aus der Privatbibliothek von Felix Huber kennen wir Einbände der Heidelberger Werkstatt. Zurückgekehrt in den Konvent nach Bebenhausen, ließ Felix Huber noch nicht gebundene Druckwerke entweder in der Klosterwerkstatt oder auch beim Tübinger Buchbinder Johannes Zoll binden. Vielleicht ein Zeichen dafür, daß die Werkstatt des Klosters überlastet war?

Ein Hirsauer Einband der Colmarer Inkunabel XI 9372, eines Hieronymus-Kommentars, ist in mehrfacher Hinsicht von Interesse. Er belegt erstmal, daß nach der Auflösung des Klosters Hirsau im Jahr 1535 offensichtlich einzelne Bücher der Bibliothek von auswärtigen Altgläubigen erworben wurden. Für die Geschichte der Hirsauer Bibliothek ist zudem von Bedeutung, daß der Band mit einem bisher unbekannten Fragment eines Hirsauer Kalenders des 12. Jahrhunderts in Hirsau gebunden wurde.[56] Und schließlich erhielt er in Bebenhausen den Eintrag eines Bebenhäuser Mönches: „ex libris Jacobi Beyttery, Tübing.", womit sein Weg nach Colmar bestimmt wurde.

Consistorium

Mit den Konventualen hatten, wie wir wissen, auch deren Bücher das Kloster gleich zweimal verlassen müssen. Trotzdem blieben auch Teile der Konventsbibliothek in Bebenhausen, wo eine evangelische Klosterschule eingerichtet und eine entsprechende Bibliothek aufgebaut wurde. In einem Katalog dieser Bibliothek aus dem Jahr 1763 lassen sich eine vorreformatorische Handschrift und ein Restbestand der Klosterbibliothek entdekken.[57] Nummer 64 des Katalogs nennt ein „psalterium glossatum beatissimae Virginis Mariae manuscriptum"[58], die Nummern 65 und 66 zwei Inkunabeln: „Albertus Magnus, Tractatus sacerdotalis de Sacramentis 1486" und „Robertus Holgot, Super libros Sapientiae, 1489 von Joh. Amerbach [gedruckt]".

Über den Verbleib liturgischer Handschriften lassen sich kaum Angaben machen. Von einem Missale wissen wir jedenfalls, daß es von den Bebenhäuser Mönchen nach Pairis mitgenommen wurde. Offensichtlich scheint aber im 17. Jahrhundert noch ein Antiphonar aus dem 14. Jahrhundert im Kloster vorhanden gewesen zu sein. Es wurde auseinandergenommen, und seine großen, wertvollen Pergamentseiten mit der typisch zisterziensischen Quadratnotation wurden als Einbände für zwei Rechnungsbücher des Klosterverwalters aus den Jahren 1633/34 und 1634/35 achtlos weiterverwendet.[59]

Der Einband eines anderen Rechnungsbuches von 1655/56 besteht aus dem Fragment einer Handschrift der Weltgeschichte des Vincenz von Beauvais, im 13. Jahrhundert geschrieben. Und ein weiterer Einband wurde mit einer Pergamentseite einer Bibelhandschrift des späten 12. Jahrhunderts gebunden. Möglicherweise besitzen wir mit diesem letzten Fragment einen zwar bescheidenen, aber singulären Rest aus dem frühen Grundbestand des klösterlichen Armariums.

Es ist anzunehmen, daß die beiden in einem Inventarverzeichnis der Bebenhäuser Kirche aus dem Jahr 1632 erwähnten Missale - „in rot und weiß Leder gebunden"[60] - nicht aus vorreformatorischer Zeit stammen, sondern mit dem restituierten katholischen Konvent 1630 nach Bebenhausen kamen, da sie in einem späteren Katalog von 1763 fehlen und vermutlich mit dem im Jahr 1649 abziehenden katholischen Konvent Bebenhausen wieder verlassen haben.

Die in der evangelischen Klosterschule in Bebenhausen nicht benötigten Bücher wurden an die Konsistorialbibliothek des Evangelischen Kirchenrats in Stuttgart übergeben und gelangten 1776 von dort an die von Herzog Karl Eugen im Jahr 1765 neu gegründete Öffentliche Bibliothek, die heutige Württembergische Landesbibliothek.[61] Dort befindet sich der größte geschlossene Bestand an Bebenhäuser Bibliotheksgut mit Einbänden der Klosterwerkstatt: insgesamt siebzehn Inkunabeln und fünf frühe Drucke,[62] von denen einige den Besitzeintrag „Consistorium" erhielten. Auch Handschriften aus Bebenhausen kamen auf dem Weg über das Consistorium an die Württembergische Landesbibliothek oder wurden später aus dem Antiquariatshandel erworben.

Das Diurnale HB I 137, ein Gebetbuch für die Tagesstunden, wurde im 14./15. Jahrhundert vermutlich für das Zisterzienserinnenkloster Frauenzimmern[63] geschrieben, das von 1400 bis 1519 unter der Paternität des Klosters Bebenhausen stand. Aufgrund dieser Beziehung wurde der Band vermutlich um 1490 nach Bebenhausen zum Binden gesandt und erhielt von der Hand des Bebenhäuser Mönches Johannes Sartoris[64] einen

Abb. 6 und 7. Einbände der Klosterwerkstatt, Universitätsbibliothek Heidelberg.

Zusatz auf dem letzten Blatt. Der Einband trägt auf dem Rückendeckel noch eine Öse, war also als ein Liber catenatus gearbeitet, das mit einer Kette an seinem Standort befestigt werden konnte. Johannes Sartoris ist auch der Schreiber des lateinischen Breviers, Cod.brev. 161, das er im Jahr 1492 vollendete. Möglicherweise ist er auch der Illuminator, der sich auf fol. 13r in den Ranken um eine sehr schöne Farbinitiale mit seinem Monogramm JS eingetragen hat. Das Gebetbuch muß dem letzten vorreformatorischen Abt Johannes von Fridingen gehört haben, da im Kalendar zahlreiche Anniversarien von Mitgliedern der Familie von Fridingen eingetragen sind. Es wurde 1956 aus dem Antiquariatshandel erworben (Abb. 8).[65]

Die Initialen des Illuminators JS tauchen identisch in der Handschrift Cod.brev. 108 gleich mehrfach auf. Geschrieben wurde das Brevier laut Eintrag in den Jahren 1501 bis 1503 vom Bebenhäuser Mönch Johannes Howenschild.[66] Der Band trägt nicht den Einband der Klosterwerkstatt, da der neue Be-

sitzer, Frater Johannes Rapp aus Zwiefalten, ihn im Jahr 1581 mit seinem Einband neu binden ließ. Die Handschrift kam wie der übrige Zwiefaltener Bestand im Jahr 1806 im Zuge der Säkularisation an die Württembergische Landesbibliothek.[67] Den ursprünglichen Besitzer und Auftraggeber, wohl ein ritterlicher Laie, wie nach einer Miniatur auf fol. 57v zu vermuten ist, teilt uns der Illuminator wenige Seiten später mit. Auf Blatt 61v hat er neben das Zisterzienserwappen das Wappen der Ulmer Familie Neidhardt gezeichnet. Ein Mitglied dieser Familie muß die Handschrift im Kloster Bebenhausen in Auftrag gegeben haben (Abb. 9).[68] Die angesehene und bibliophile Familie Neidhardt hatte im Jahr 1444 beim Bau ihrer Familienkapelle an der nördlichen Seite des Ulmer Münsters einen Raum über der Kapelle als Bibliothek vorgesehen und dort etwa 300 Bücher aufbewahrt.

HB I 147, ein Brevier aus dem 13. Jahrhundert, wurde zwar in und für Bebenhausen geschrieben, kam aber schon vor 1500 in das

Abb. 8. *Illuminiertes Brevier von 1492, Württembergische Landesbibliothek.*
Abb. 9. *Handschrift von 1501/1503, Einband von 1581, Württembergische Landesbibliothek.*

Kloster Schöntal, wo sich ein Frater Johannes Bertzle als Besitzer eintrug. Dort könnte der Kodex auch den Einband des frühen 16. Jahrhunderts erhalten haben (Abb. 10).[69]

Zerstreute Handschriften und ein ergiebiges Fragment

Eine Handschrift im Maulbronner Priesterseminar scheint erst im 19. Jahrhundert dorthin gekommen zu sein. Das Psalterium glossatum wurde von dem Ravensburger Karmeliter Andreas Rist[70] um 1450 geschrieben,[71] trägt nicht den Bebenhäuser Einband, erhielt aber in der zweiten Hälfte des 15. Jahrhunderts den Bibliothekseintrag von Bebenhausen: „Gloriosissime virginis Marie in Bebenhusen". Von einer zweiten Hand wurde vermerkt, daß der Bebenhäuser Prior Michael Textoris die Handschrift 1487 dem Pfarrer in Hirschau überlassen hat.[72] Nach dessen Tod scheint das Gebetbuch wieder nach Bebenhausen zurückgekehrt zu sein; es muß mit dem bereits genannten geschriebenen Breviarum glossatum aus dem Bibliothekskatalog von 1763 identisch sein. Eine Kopie dieses Kataloges liegt in Maulbronn, ein weiteres Verzeichnis in Maulbronn, das ebenfalls diese Handschrift erwähnt, stammt aus dem Jahr 1811. Gohl vermutet darin ein Übergabeverzeichnis der von Bebenhausen nach Maulbronn weitergegeben Bücher inklusive dieser Handschrift.[73]

Über den Weg einer möglicherweise aus Bebenhausen stammenden Handschrift, der sie in die Freiburger Universitätsbibliothek führte,[74] lassen sich keinerlei Angaben machen. Die darin enthaltenen „Propositiones" des Basler Konzils wurden in der ersten Hälfte des 15. Jahrhunderts geschrieben und erhielten von einer Hand des 15. Jahrhunderts auf fol. 12v lediglich den Eintrag „Bebenhusen".[75] Schon mit der Handschrift Cod. brev. 161 der Württembergischen Landesbibliothek konnte belegt werden, daß Bebenhäuser Mönche für auswärtige Auftraggeber geschrieben haben. Eine weitere Handschrift, ein Andachtsbuch in deutscher Sprache, wurde im Jahr 1465 von Hans Uelin, Bebenhäuser Mönch und Pfleger von Roseck,[76] für seine Schwester Katharina, Nonne in Hedingen, geschrieben.[77] Es wurde vermutlich im Kloster in rotes Leder gebunden, aber nur mit Streicheisenlinien und ohne Stempel verziert. Mit einer anderen Schwester aus dem aufgehobenen Kloster Hedingen kam der Kodex nach Inzigkofen und erhielt das Rückenschild der dortigen Stiftsbibliothek.[78] Die Handschrift wurde 1903 von dem ungarischen Sammler Graf Ferenc Vigyázós erworben und kam mit dessen Nachlaß 1928 in die Bibliothek der Ungarischen Akademie der Wissenschaften, die bis heute ihr Aufbewahrungsort ist.[79]

Zwei Bebenhäuser Handschriften der Staatsbibliothek in München haben eine ebenso unterschiedliche wie interessante Geschichte. Cgm 257, das sogenannte Bebenhauser Legendar, wurde von „einem Bruder von Bebenhausen" im Jahr 1439 geschrieben. In deutscher Sprache notierte er kurze Heiligenlegenden und ließ dazwischen Raum für Illustrationen (Abb. 11). Die Forschung geht davon aus, daß die Vorlage für diese Handschrift ein lateinisches Kurzlegendar war, das der Bebenhäuser Mönch übersetzte und mit lateinischen Einschüben nach Predigtart versah.[80] Damit ist die Handschrift eher als eine Predigtsammlung anzusehen, die für die Privatlektüre von Laien bestimmt war. Dies würde auch erklären, warum sich das Legendar im Besitz der Herzogin Sabine von Württemberg befand und zur Fürstlichen Liberei auf Schloß Hohentübingen gehörte. Mit dem Bücherraub aus Schloß Hohentübingen wurde das Legendar im Jahr 1635 nach München entführt.[81]

Der Einband von Cgm 13, einem Kopialbuch aus der zweiten Hälfte des 15. Jahrhunderts, führt auf die Spur seines Besitzers und damit auf den Weg dieser Handschrift, die aufgrund ihres Inhalts als Archivgut zu bezeichnen ist. Von verschiedenen Händen sind darin 166 Urkunden des Klosters Bebenhausen aus der Zeit des 13. bis 15. Jahrhunderts,

Abb. 10. Kodex aus dem 13. Jahrhundert, Einband vermutlich aus dem frühen 16. Jahrhundert.

geordnet nach den betreffenden Orten, auf Pergament abgeschrieben. Besondere Beachtung verdienen die ebenfalls kopierten Notariatszeichen der Urkunden, welche etliche in jener Zeit tätigen Notare aus der Umgebung von Tübingen belegen (Abb. 13).[82] Der Kodex trägt den Einband der Widmannstetter Bibliothek. Johann Albrecht Widmannstetter (1506-1557), der die Handschrift binden ließ und mit eigener Hand den Außentitel schrieb, stammte aus Nellingen bei Ulm und studierte in Tübingen und Italien.[83] Seit 1552 war Widmannstetter Kanzler bei König Ferdinand, bereiste in dieser Funktion die vorderösterreichischen Lande und muß damals das Urkundenbuch in seinen Besitz genommen haben. Es wurde später mit seinem Nachlaß in die Bayerisch Herzogliche Bibliothek, jetzt Bayerische Staatsbibliothek München, überführt.[84] Von diesem Kopialbuch fertigte der Münchner Bibliothekskustos Docen im Jahr 1805 eine Abschrift für den Oberkirchenrat in Stuttgart,[85] welche später an das Geheime Haus- und Staatsarchiv weitergegeben und als „Münchner Codex" in das Repertorium des Bebenhäuser Archivs aufgenommen wurde.[86] Aus dem Besitz des württembergischen Rats und Predigers am Stuttgarter Stift Werner Wick, gen. Unzhäuser kam eine Handschrift als Schenkung nach Bebenhausen, die hier den Besitzeintrag des Klosters erhielt; sie wird heute in der Universitätsbibliothek in Augsburg aufbewahrt (II.1.2° 130). Aufgrund seiner kirchenpolitischen Aufgaben unter Herzog Eberhard im Bart und dessen engen politischen Beziehungen zum Kloster im Schönbuch ist eine Verbindung des Werner Unzhäuser zum Kloster Bebenhausen zu sehen, der 1501 um 1100 Gulden eine Gült vom Kloster erwarb.[87]

Ce sancti magnus
qui dÿebus suis pla=
cuit deo et inuentus
Justus et Extreme=
ment dab ist am
groser priester der by sinen tag
en got hät vil wol gevallen
Disz wort sind zu gelert vnd
zu gezelet dem vil hailigen
herren Sant Nÿclausen der ist
burtig do Kriechen vo ainer
gegen haisset Lyca von ainer
statt haisset potrab vn vatter
vnd muter warent edel vnd
warent gar ams hailige lebet
Sin vatter hiesz Epÿphanÿ sin
muter Jona die ware rich
vnd batent vnsern herre flis=
siglichen vmb ain kind vnser
her erhort sie vnd begabet sie
mit ainem rainen kindelin Sat
Nÿclausen durch den got grösse
wonder vnd zaichen off disen
erterich erzougt hät von d er
erst geboren ward do hub er an
ze vasten zwen tag In der wo=
ochen die mitwoch vnd den
fritag siner muter brüste zesu=
gont mit me den ainest des
tags Alsz sait vns die hailig
geschrift der sun ward ge=
setzt zu schule Er leit alsz zu
in allen witzen vnd tugenden
Ains mäls do er zu schule sol
gan do begegnet ÿm ain wibe
die was lam vnd hanck Er
hiesz sie Jm den füsz zaichen do
macht er dis hailig creutz der=

ober vnd macht sy gesund die
frowen liessen zu Jnen frunden
vnd saiten Jnen disz zauche von
dem kind Disü mal komen für
sinen ohen byschoffe zu ayrea
der was got loben Jn siner onÿg=
bait do er nun von der schule
liesz do floh er der welte gezierd
vnd sücht ernstlichen die got=
hüste vnd gottes dienst feuge
vnd späte zu den selben zite
starb der byschoff Jn der statt
Mÿrea Die priester vnd hern
vnd dz volk genamliche die
rüsten got an mit vaste vnd
mit beten dz Jnen got ze er=
kanent gäbe war byschoff solt
sin Do erhort der oberst priest
am styme do hymel welcher
der erste des morgens zemettin
zyt Jn der kirchan war vnd
der da hiesz Nÿolaus Alsz was
er der da erwelt was dess er
schrack er vnd was dar wonder
die andern byschoff vnd die hern
alle die gesamlet waren die
sungen vnd lobten got vnd
erhüben Jn Da nam er zu
an allen tugenden Milt vnd
demuag vnd leert dz volk vnd
tät grössli zaichen Adon siner
miltkait lesen wir Nach dem
töd sins vatters vnd muter was
gesessen by Jm nach ain edelman
der komen was zu grösser er=
mut der hätt drÿ tohteren schön
vmb die er grösz sorg hett dz sü

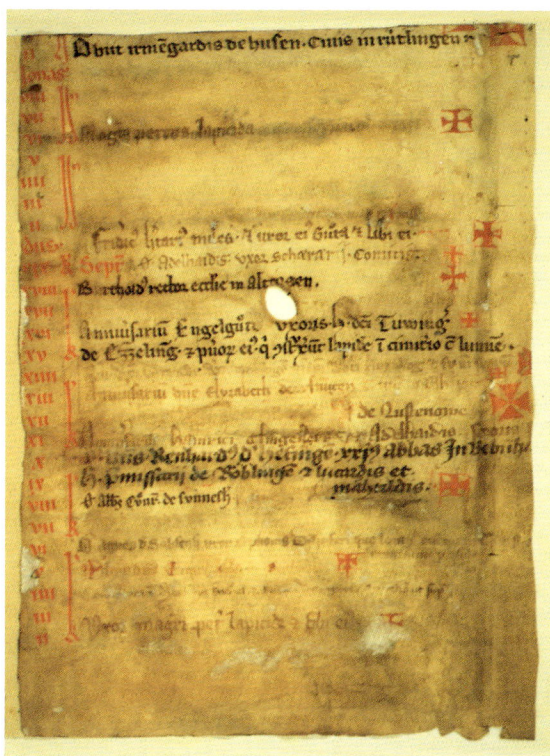

Abb. 12. Fragment des Bebenhäuser Anniversarbuches, Monat August.

Ein überaus interessantes Fragment aus einer Bebenhäuser Handschrift befindet sich in der Universitätsbibliothek in Tübingen, wo es unter der Signatur Mh 953 aufbewahrt wird.[88] Es wurde in der Karlsruher Bibliothek als Makulatur aus einem Einband abgelöst und im Jahr 1923 an die Universitätsbibliothek in Tübingen übergeben. Das Fragment besteht aus einem doppelseitig beschriebenem Pergamentblatt und trägt die Eintragungen der Totengedenken, die in den beiden Monaten August und September von den Mönchen zu feiern waren (Abb. 12). Das Pergamentblatt war also Teil des Liber anniversariorum des Klosters. Mit seinen unterschiedlichen Namenseintragungen ist das Fragment nicht nur als Dokument für das

Abb. 11. Bebenhäuser Legendar, Staatsbibliothek München.

Totengedenken im Bebenhäuser Konvent von Interesse, sondern als personengeschichtliche Quelle von unschätzbarem Wert. Darüber hinaus lassen sich aus den Eintragungen neue Erkenntnisse zur Baugeschichte des Klosters gewinnen.

Das Totengedenken war bei den Zisterziensern im Gegensatz zu den Benediktinern restriktiv geregelt. Neben auswärtigen Stiftern, hier vor allem aus den Adelsfamilien der Tübinger Region, durften nur herausragende Mitglieder des Konvents im Gedenkbuch eingetragen werden. Auch im Bebenhäuser Anniversar finden sich lediglich zwei Äbte aus dem eigenen Kloster. Ein höchst bemerkenswertes Anniversar gilt am 8. August allerdings dem „magister petrus lapicida", einem Steinmetz, der als Konverse in Bebenhausen genannt ist[89] und dessen Stiftung für ein Totengedenken für diesen Tag urkundlich aus dem Jahr 1359 belegt ist.[90] Das Todesjahr dieses „maister Peter, stainmetz von Rütlingen" fällt in eine Zeit, in der unter Abt Konrad von Lustnau großartige Bauaufgaben im Kloster vollendet wurden: das Prachtfenster im Chor der Kirche und der Neubau des Sommerrefektoriums, dessen kunsthistorische Bedeutung nicht hoch genug eingeschätzt werden kann.[91] Der Eintrag für einen Konversen und Steinmetz im Liber anniversariorum kann nur aufgrund seiner außergewöhnlichen Tätigkeit für das Kloster erfolgt sein. Es scheint nunmehr durchaus plausibel, daß sich hinter Petrus Lapicida, oder Peter von Reutlingen, möglicherweise der Baumeister des Sommerrefektoriums verbirgt.

Mit den hier vorgelegten Funden aus dem Bibliotheksbestand in Bebenhausen lassen sich nunmehr etliche Mosaiksteine zum Bild der Klosterbibliothek im späteren Mittelalter zusammenfügen. Die Tätigkeit eines Scriptoriums und einer eigenen Buchbinderwerkstatt sind in dieser Zeit nachzuweisen. Beide scheinen aufgrund ihrer Qualität Aufträge von außerhalb des Klosters erhalten zu haben. Zwar sind so gut wie keine frühen und

in suprascripta bulla siue littera apostolica incorporacionis seu vnione ecclesie prochi in Altdorff predicta pertinent et alia et intelligibili voce in choro lecta fuit Et protestatus fuit publice quod virtute litere et incorporacionis sibi et conuentui suo de predicta ecclesia in Altdorff facta Et postea omnis et acceptacionis cessionis sibi sub manu publica facta dequa coram me notario publico facta erat plena fides Et protestabatur ipse dominus Abbas per annum et mense etc. vtendi priuilegio sibi concesso sic decebat possessionem realem et personalem ecclesie in Altdorff iam dictam cum omnibus suis iuribus et pertinenciis cum dependentibus et oneribus apprehendere vellet Et cepit istud verba coram me notario publico vt attenta protestatione etc. Ego Petrus de Boringen Abbas monasterii in Gebinghusen suprascriptum rector quod virtute et vigore litere et priuilegii michi et monasterio meo ad hunc Bonifacii pape Noni concesse et concessi possessionem vel quasi corporalem et realem ecclesie in Altdorff per claui et altaris cornu apprehensionem adprehendo reipso ac intrans in manifesto Et protestor quod in huius licenciaz prout alicuius alterius minime requisiui quia tenore priuilegii apostolici michi et monasterio meo concessi et quod personam ydoneam instituere gencie cura animarum habentem specialia in ea saluo rectore debita hospitalitate tenente ac alia eidem ecclesie onera incumbencia supportantem Cui prebendam sufficiente deputabo dequa victu et vestitu et corporis nictoria et alia omnia vt presfert valeat supportare Instituta tipse et loco optimo recusans michi et successoribus meis potuerim personam pro instituendo siue sint monachi mee Abbacie siue seculares ad hunc deponere ideo placat Et hoc faciendo plus et si filii et spe sed per presentem tamen actum altra prejudicium alicuius non volo nec intendo priuilegio predicto maliciose derogare Sed omnibus quantum in me est plenarie obseruare Et ipse de communi aduertendo ad consilium cum superquibus omnibus et singulis prefatus dominus Petrus Abbas suorum suis monasterii nominibus me notarium publicum infrascriptum requisiuit cot sibi de premissis omnibus vnum et ipla quo fierem instrumentum et instrumenta in meliori forma fieri consilia iuris peritorum Acta sunt hec Anno Indiccion quo domini Maugi de Maisnecht canonico Constancie Vlrico Turingi Albano de villa curie in Gebingen Alberto Busch prouisario in Monasterio Bernardo Viller Goulboch etc. Conrado Metzingg Henrico Hau Conrado Jacob Johanne Wolff Scabini et layci etc. Consilio Gebing testibus ad premissa vocatis habitis et rogatis.

Et ego Conradus Mayer de Tuwingen clericus Constanciensis diocesis publicus Apostolica et Imperiali auctoritate notarius Quia predicte bulle possessionis adepcioni claui et cornu altaris receptioni protestacioni ac omnibus alijs et singulis dum sic ut prescribitur fierent et agerent vna cum testibus suprascriptis et notarijs publicis infrascriptis presens interfui Ideoque sic fieri vidi et audiui Ideoque hoc presens publicum Instrumentum per notarium scripsi et in hanc formam redegi Signoque et nomine meis solitis et consuetis signaui In fidem et testimonium omnium et singulorum prescriptorum rogatus et Requisitus.

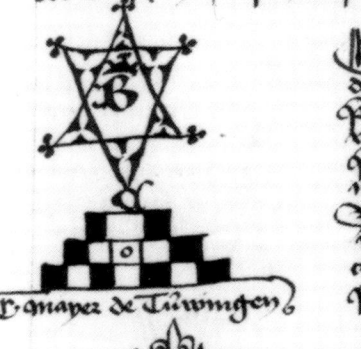

C. mayer de Tuwingen

Et ego Hainricus Tumper de Otlingen clericus Constanciensis diocesis publicus Imperiali auctoritate notarius Quia predicte ecclesie possessionis adepcioni claui et cornu altaris receptioni protestacioni ac omnibus et singulis alijs dum sic ut premittitur fierent et agerent fieri vidi et audiui vna cum predictis testibus et notario Johanne hoc presens publicum Instrumentum per notarium prescriptum fideliter scriptum subscripsi Signoque et nomine meis solitis et consuetis signaui in fidem et testimonium omnium et singulorum premissorum rogatus et requisitus.

Hanns Tumper de Otlingen

theologisch-patristischen Literatur, wobei ein auffallend großer Teil auf Predigtsammlungen fällt. Darüber hinaus gab es im Kloster Bebenhausen auch privaten Bücherbesitz einzelner Mönche, belegt durch verschiedene Besitzeinträge, so daß die erhaltenen Werke auch die Interessen einzelner Konventualen widerspiegeln können. Über den tatsächlichen Umfang der Bibliothek lassen sich aber auch nach aller Spurensuche keine sicheren Aussagen machen, nachdem die Reformation die Bücher der Mönche zerstreut, das Kloster zu einer Burg ohne Wehr gemacht und das monastische Leben der Zisterzienser in Bebenhausen beendet hatte.

Anmerkungen

1 Sydow 1984, S. 44.
2 Die ursprüngliche Bedeutung des Wortes ist der Schrank als Aufbewahrungsort der Bücher, eine Bezeichnung, die später auf den Aufbewahrungsraum übertragen wurde.
3 Tscherning Bebenhausen, III, S. 133-135.
4 Köhler 1995, S. 133.
5 Crusius 1595, Liber X, S. 587/588.
6 Sydow 1984, S. 44.
7 Hartmann 1942, S. 409.
8 Hartmann 1942, S. 418.
9 Für den freundlichen Hinweis danke ich Felix Heinzer, Stuttgart.
10 Wilhelmstift Tübingen, MS Gb 4° 437, f 238r.
11 Bei Sydow 1984 nicht genannt, evtl. identisch mit Mönch Ludwig Sartoris, gen. 1488, Sydow 1984, S. 285.
12 Krebs 1933, S. 332.
13 AASS 2, S. 780-790, vgl. Sydow 1984, S. 139.
14 Sydow 1984, S. 2 und 285, 1885 von Karl Pfaff ediert.
15 Sydow 1984, S. 139.
16 Schneider 1985, S. 115.
17 Sydow 1984, S. 63.
18 1803 wurde das Reichsstift Salem aufgelöst, die Bibliothek kam in den Besitz des Groß-

herzogs von Baden. 1827 wurde sie an die Universitätsbibliothek Heidelberg verkauft; vgl. dazu Jammers 1963, S. 45 u. 54.
19 WLB, Inc.qt.5383, Angelus (Carletus): Summa Angelica de casibus conscientiae. Venedig: Nikolaus von Frankfurt 1487.
20 Sydow 1984, S. 284.
21 Die Funde Eberhard Gohls von Bebenhäuser Beständen in Colmar waren Nebenbefunde seiner Forschungen zur Bibliotheksgeschichte Maulbronns. Sie wurden posthum von Klaus Schreiner in ZfWLG 1990, S. 143-165, mit zum Teil irrtümlichen Angaben veröffentlicht.
22 Gohl 1979, S. 5.
23 Sydow 1984, S. 293, Todestag noch unbekannt, ist dem Rechnungsbuch des Klosters 1564/65 zu entnehmen (HStA Stgt. A 303, Bd. 1323); Sydow 1984, S. 293 läßt Johannes Mayer irrtümlich nach Pairis ziehen.
24 Gohl 1990, S. 145; Inventarium aller des gottshaus Bäris Clinodien und anderer Fharnis, 64 Bl., Tiroler Landesarchiv Innsbruck, B 38/1.
25 Bei Sydow ist das Priorat Felix Hubers noch unbekannt.
26 Inventarium, S. 10, 15, 16.
27 Zu dem langwierigen „Fall" Michael Stopper siehe Bestand HStA Stgt., A 474, Bü 17 (mit Übergabeverzeichnis vom 1. März 1564) und Bü 21.
28 Inventarium, S. 16.
29 Gohl 1990, S. 145.
30 Inventarium, S. 24-25.
31 Inventarium, S. 36.
32 Inventarium, S. 82, 84, 85.
33 Sydow 1984, S. 283.
34 Colmar I 6178, IV 8214, XI 9309.
35 Amelung 1970, S. 8.
36 Kopialbuch HStA Stgt., H 14, Bd. 18, Sammelband J 1, Nr. 206, und Geistl. Lagerbuch H 102/8, Bd. 169.
37 HStA Stgt., A 474, Bü 10.
38 Gohl 1990, S. 151 und 155.
39 Gohl 1990, S. 149. Aufgrund der falschen Zuordnung des Heidelberger Einbands der Colmarer Inkunabel XI 9322 nach Bebenhausen, erklärt Gohl den dort eingetragenen Besitzer „frater Gregorii" zum Bebenhäuser Konvent gehörig und alle weiteren Handschriften und Inkunabeln mit seinem Besitzeintrag zu Bebenhäuser Bibliotheksgut. Somit sind folgende bei Gohl genannten Codices auszuklammern: Colmar MS 106, Colmar Inc. XI 9322, Straßburg Inc. C 341 und C 350, ebenso sind

Abb. 13. Kopialbuch, Staatsbibliothek München.

zunächst Colmar I 5860 und IV 8221 ohne Bebenhäuser Einband und Bebenhäuser Besitzeintrag der Klosterbibliothek nicht zuzuordnen.

40 Cod.Sal.VIII 39, Cod.Sal.VIII 51, Cod.Sal.VIII 52, Cod.Sal.VIII 68, Cod.Sal.VIII 80, Cod.Sal.VIII 98.

41 MS 105, MS 422, MS 436, MS 453, MS 462.

42 Cod.brev.161 und HB I 137.

43 J 1 Nr. 206; H 14,Bd.18; H 102/8, Bd. 169.

44 WLB: HB I,147; Wolfenbüttel Hzg. Aug. Bibl.: Cod.Guelf.76.8.2°; Staatsbibl. München: Cgm 13 und Cgm 257; Ungar. Akad. d. Wiss. Budapest: K 538; Schreiner nennt zusätzlich Freiburg Universitätsbibl. Hs. 26, deren Provenienz unklar ist. Bei der von Schreiner Bebenhausen zugewiesenen Handschrift in Luzern MS.P 4/4 handelt es sich nicht um Bebenhäuser Bibliotheksgut: die Handschrift wurde um 1287 von Conrad von Lützelheim geschrieben und gelangte wenig später in die Abtei Tennenbach. Erst von dort kam sie nach der Reformation in den Besitz des Bebenhäuser Konventualen Johannes Fabri, der bei einem Aufenthalt im Kloster St. Urban die Handschrift dem Schweizer Kloster schenkte; Schmid 1941, S. 14-19.

45 Alle genannt von Amelung bei Gohl 1990, S. 165.

46 I 5861, IV 8527, VIII 149, XI 9313.

47 Inc.s.a. 2° 918 u. Inc.c.a. 4° 1798a.

48 Inc. 4° 41.

49 Hc 774 fol.

50 Inc. Ei 30.

51 XI 9352 und XI 9369.

52 Fischer 1975, S. 89f.

53 Klein 1980, S. 236f.

54 Löffler 1912, S. 69ff.

55 Hier ist der bei Kyriß noch anonyme Einband Nr. 152, heilige Katharina, anzusiedeln.

56 Vgl. dazu Heinzer 1991; unter dem 17. Juni ist im Kalender die Weihe einer St. Michaelskapelle in Hirsau nachgetragen.

57 HStA Stgt., A 474, Bü 30a.

58 Vgl. unten S. 98.

59 HStA Stgt., A 302, Bd. 1327 und Bd. 1328.

60 HStA Stgt., A 474, Bü 25.

61 Vgl. dazu Kolb 1921.

62 Gohl 1990, S. 165.

63 Vgl. Katalog der Handschriften WLB, S. 246.

64 Sydow 1984, S. 286.

65 Handschriftenkatalog 1968, S. 193f.

66 Sydow 1984, S. 286.

67 Handschriftenkatalog 1977, S. X und S. 138f.

68 Zu möglichen Auftraggebern in dieser Zeit vgl. die Familiengeschichte bei Graf Neidhardt von Gneisenau 1964; 1527 ist ein Wilhelm Neidhart, Hauptmann der schwäbischen Landsknechte, genannt, der mit Kunigunde von Bernhausen verheiratet war; 1497 sind ein „Heinrich Nithart ex Ulma" und 1499 ein Petrus Nitthart an der Universität Tübingen immatrikuliert.

69 Handschriftenkatalog 1968, S. 260f.

70 Deckert 1961, S. 206: Andreas Rist 1456 genannt.

71 Gohl 1990, S. 159.

72 Gohl interpretiert „villagio Hirsen" als Hirsau, Sydow 1984, S. 277, als Hirschau bei Tübingen.

73 Gohl 1990, S. 159.

74 Universitätsbiblithek Freiburg, Hs 26.

75 Vgl. die Angaben von Schreiner bei Gohl 1990, S. 158.

76 Sydow 1984, S. 277f.

77 Für diesen Hinweis danke ich Felix Heinzer, Stuttgart.

78 Fechter 1997, S. 97

79 Vizkelety 1973, S. 35-48.

80 Vgl. zum Forschungsstand Kunze 1978, S. 651-653; Fricker 1978. Für Einsicht in die unveröffentlichte Zulassungsarbeit von Annemarie Fricker danke ich Konrad Kunze, Freiburg.

81 Vgl. zum Schicksal der „Fürstlichen Liberei" Schreiner 1974.

82 Mikrofilm von Cgm 13 im Stadtarchiv Tübingen.

83 Zur Biographie Widmannstetters vgl. Müller 1908.

84 Petzet 1920, S. 23.

85 Schreiner 1974, S. 993; Schreiner geht davon aus, daß das Kopialbuch mit den Beständen der Bibliothek auf Schloß Hohentübingen nach München kam.

86 HStA Stgt, H 14, Bd. 21.

87 Vgl. zu Werner Wick, gen. Unzhäuser: Stievermann 1986, S. 260-262.

88 Für den freundlichen Hinweis danke ich Gerd Brinkhus, Tübingen.

89 Sydow 1984, S. 271.

90 HStA Stgt, H 14, Bd.18, fol 169v u. 170r.

91 Ein Bezug zur Reutlinger Frauenkirche wird von Köhler 1995 ausdrücklich betont und von Marc Carel Schurr im vorliegenden Band in seinem Beitrag zur Baugeschichte des Klosters ausgeführt.

Die Heilsgeschichte in Maßwerk gesetzt
Zur Rekonstruktion des Ostfensters im Chor
der Klosterkirche zu Bebenhausen

Rüdiger Becksmann

Nach den Bränden und Plünderungen während der Reichskriege gegen die Grafen von Württemberg im frühen 14. Jahrhundert, die vor den Mauern von Bebenhausen nicht Halt gemacht und einen Niedergang des Klosters zur Folge hatten, erlebte Bebenhausen unter Abt Konrad von Lustnau, der von 1320 bis 1353 dem Kloster vorstand, nicht nur eine neue Blüte, sondern den Aufbruch in eine neue Zeit.[1] Wirtschaftlich wurde er durch Schuldenaufnahme und Güterverkäufe, aber auch durch die Inkorporation von Kirchen, ja ganzer Ortschaften der Umgebung ermöglicht, künstlerisch nahm er in ebenso umfangreichen wie ehrgeizigen Bauunternehmungen Gestalt an. Sie setzen sich entschieden über die Verpflichtung des Ordens zu Bescheidenheit hinweg und lassen den aus einem pfalzgräflichen Ministerialengeschlecht stammenden Bauherrn als einen gleichermaßen kunstsinnigen wie selbstbewußten Mann einer neuen Zeit erscheinen.

Der nach chronikalischer Überlieferung wie nach dendrochronologischem Befund im Jahre 1335 errichtete Neubau des Sommerrefektoriums gehört mit seiner noch weitgehend erhaltenen Ausstattung in Süddeutschland zu den bedeutendsten Raumschöpfungen aus vorparlerischer Zeit.[2] Im gleichen Jahr soll der Überlieferung zufolge außer dem Prachtfenster hinter dem Hochaltar in der Ostwand des platt schließenden spätromanischen Chores und einem hölzernen Dachreiter auch jene dreijochige Kapelle mit 5/8-Schluß entstanden sein, die sich Konrad von Lustnau am Nordquerhaus zum Friedhof hin als Grablege hatte errichten lassen.[3] Der Dachreiter wurde bereits 1407/09 durch jenen steinernen Vierungsturm ersetzt, der zum Wahrzeichen Bebenhausens wurde; die Grabkapelle, mit der sich sein Erbauer ein ewiges Andenken sichern wollte, dürfte bereits 1537 abgebrochen worden sein.[4] So zeugt neben dem Sommerrefektorium nur noch das Prachtfenster im Chor der Klosterkirche von diesem tatkräftigen, modernen Strömungen in der Ökonomie wie in der Bau- und Bildkunst aufgeschlossenen Abt.

Nach Fertigstellung des Sommerrefektoriums ließ er die romanische Ostwand des erst im frühen 16. Jahrhundert gewölbten Chorquadrums fast vollständig ausbrechen und ein riesiges Maßwerkfenster einsetzen (Abb. 1). Ähnliches war bereits im späten 13. Jahrhundert im Zisterzienserkloster Tennenbach im Breisgau geschehen; in den ebenfalls platt geschlossenen Chor des Zisterzienserklosters Hauterive im Kanton Fribourg hat Abt Petrus Rich zwischen 1323 und 1328 im Zuge eines Umbaues ein sechsbahniges Fenster in die Chorstirnwand einsetzen lassen, das jedoch erst um 1340 seine Farbverglasung erhalten haben kann.[5]

Dasjenige in Bebenhausen bringt es auf acht Bahnen und neun Zeilen. Alle Bahnen schließen auf gleicher Höhe in genasten Spitzbögen, jeweils zwei tragen eine Kreisrosette mit liegendem Dreipaß und werden von einem Spitzbogen überfangen. Wiederum zwei der zweibahnigen „Fenster" werden unter einem Spitzbogen zu einem vierbahnigen „Fenster" zusammmengefaßt; die hier über einer „Zwikkelblase" sitzende Dreipaßrosette wird zudem von zwei radial gestellten Spitzbögen flankiert. Zwei dieser Fensterformen tragen, unterstützt von zwei Kreisrosetten mit stehenden Vierpässen in den Zwickeln, das zentrale Bogenquadrat, das einen gespitzten Vier-

Abb. 1. Bebenhausen, Klosterkirche. Blick in den Chor (frühes 13. Jahrhundert) mit Ostfenster (um 1335) und Gewölbe (frühes 16. Jahrhundert).

Abb. 2. Bebenhausen, Klosterkirche. Maßwerkverglasung des Ostfensters nach Paulus 1887, Taf. VIII (Eugen Macholdt).

paß umschließt. Mit dieser monumentalisierten Maßwerkfigur wird eine aus acht zweiachsigen Fensterstrahlen mit stehenden Vierpässen zusammengesetzte, eigentlich für eine Kreisform konzipierte Rose verbunden; ein kleiner, kreisförmig gerahmter liegender Vierpaß bildet ihr Zentrum. Daraus ergibt sich zwangsläufig, daß nur in der vertikalen und horizontalen Achse Fensterstrahlen in der geläufigen Form, in den Diagonalen dagegen merkwürdig gestauchte, von Lilienkonsolen getragene Spitzbögen mit Dreipässen erscheinen; in den Zwickeln werden sie von Fischblasen flankiert.

Als Vorbild für das Bebenhäuser Maßwerk wird immer das zwischen 1299 und 1311 entstandene vierbahnige Fenster in der nördlichen Querhausfassade der Salemer Klosterkirche angeführt. Das zentrale Motiv des Couronnements zeigt hier zwar ebenfalls eine aus acht Fensterstrahlen bestehende Rose, doch wird der sie einfassende Kreis in der

Achse zu einer monumentalen „Zwickelblase" verschliffen, diese durch zwei unvollständige Fensterstrahlen hervorgehoben.[6] Aber auch die nach 1317 errichtete und 1330/31 verglaste südwestliche Langhausrose der Katharinenkirche in Oppenheim ist nicht „das direkte stilistische und motivische Vorbild" für das Bebenhäuser Ostfenster, obwohl seine Profilierung derjenigen in Oppenheim in der Tat nahesteht.[7] Der vermutete Zusammenhang beruht vielmehr darauf, daß in beiden Fällen die unterzubringende Wappenkonstellation zu im Ansatz verwandten, letztlich jedoch unvergleichlichen Bildungen führt.[8] In Bebenhausen waren, wie noch zu zeigen sein wird, zwar nur vier Wappen im Couronnement des Fensters unterzubringen, doch mußten für diese entsprechend proportionierte Maßwerkfelder geschaffen werden. Die schließlich durch Überschneidung und Deformierung entstandenen, von Fischblasen flankierten Wappenfelder lassen, wie schon

107

im Sommerrefektorium, am ehesten einen an englische Bildungen gemahnenden Umgang mit der von Salem und Konstanz her vertrauten Formenwelt erkennen.[9]

Die um 1335 ausgeführte Farbverglasung des Ostfensters enthält heute nur noch im Maßwerk originale Teile. Obwohl diese sich auf die Couronnements der beiden vierbahnigen „Fenster", die Vierpaßrosetten und die vollständigen Fensterstrahlen des großen Vierpasses beschränken, die Wappenfelder hingegen kaum noch alte Scherben enthalten, kann die 1883/84 von Zettler rekonstruktiv vervollständigte Verglasung des Maßwerks in allen Einzelheiten der Form- und Farbgebung als zuverlässig gelten (Abb. 2).[10]

Die von abgeschnittenen Armen in modischen Schlaufenärmeln gehaltenen Schilde zeigen oben eine auf Graf Ulrich III. von Württemberg († 1344) und seine im gleichen Jahr verstorbenen Gemahlin Sophie von Pfirt zu beziehende Wappenallianz, unten das Wappen der mit Ulrich verschwägerten Pfalzgrafen von Tübingen, die bis zu dem 1342 erfolgten Verkauf von Stadt und Burg Tübingen an die Grafen von Württemberg Schirmherren des Klosters Bebenhausen waren, und das Wappen des Zisterzienserordens. Damit dokumentieren die mit Rautengrund hinterlegten Wappenfelder der ansonsten vegetabilen Maßwerkverglasung die politische Konstellation des Klosters um 1335.

Obwohl 1780 noch größere Schäden an der Farbverglasung des Ostfensters behoben worden waren, wurden auf herzoglichen Befehl 1781 insgesamt 43 Rechteckfelder aus den Bahnen des Ostfensters ausgebaut und in die umfangreiche Glasmalereisammlung Karl Eugens (1744-1793) nach Schloß Hohenheim verbracht; seither sind die Fensterbahnen bis auf die in situ verbliebenen Kopfscheiben mit Butzen verglast.[11] Dieser Tatbestand ist erst durch Hans Wentzel wieder erschlossen wor-

Abb. 3. Einzug Christi. Lichtenstein, Schloß. Ehemals Bebenhausen, Chor I. Esslingen, um 1335.

Abb. 4. Apostel Petrus. Altshausen, Schloß. Ehemals Bebenhausen, Chor I. Esslingen, um 1335.

den. Ihm ist auch der überzeugende Nachweis zu verdanken, daß 17 Rechteckscheiben und ein seit dem Krieg verschollenes Kopffragment in der seit 1938 auf Schloß Altshausen verwahrten Glasmalereisammlung des Herzogs von Württemberg sowie eine 1841 als Geschenk nach Schloß Lichtenstein gelangte Scheibe aus dem Ostfenster der Bebenhäuser Klosterkirche stammen; 24 Scheiben sind verschollen.[12]

1797 waren lediglich 18 Scheiben aus Bebenhausen in die neugotische Kapelle beim Karthäuserkloster im Park des Hohenheimer Schlosses eingesetzt und dafür auf eine Höhe von etwa 54 cm beschnitten worden. Im gleichen Jahr besichtigte Goethe den Hohenheimer Park und erwähnte beiläufig „schöne gemalte Fensterscheiben an einigen Orten".[13] Bereits 1803 wurde jene Kapelle mitsamt ihrer Verglasung auf eine Insel beim Schlößchen Monrepos im Ludwigsburger Park transferiert. 1852 sind sämtliche noch erhaltene Scheiben der königlichen Sammlung vermutlich in die Fremdenzimmer des Alten Schlosses nach Stuttgart verbracht worden; spätestens seit 1882 befanden sie sich in den Fenstern der Korridore des Sommerschlosses in Friedrichshafen.[14]

Von den einst in jener Kapelle im Hohenheimer bzw. im Ludwigsburger Park eingesetzten Scheiben zeigten folglich zehn thronende Apostel, Evangelisten oder Propheten in Astwerkmandorlen, sechs Szenen der Annen-Marien-Legende bzw. der Jugend Christi und zwei Szenen der Passion Christi in Astwerkarkaden.[15] Für ihre Auswahl waren zwei Kriterien maßgebend gewesen: ob eine Scheibe ohne Beeinträchtigung ihres Figurenbestandes um etwa 13 cm in der Höhe beschnitten werden konnte und ob sich mit ihr eine ästhetisch befriedigende Füllung der drei zweibahnigen, dreizeiligen Kapellenfenster erreichen ließ. Da bei der Scheibe mit dem Einzug Christi in Jerusalem (Abb. 3) dessen Kopf hätte zerschnitten werden müssen, wurde sie 1797 nicht verwendet und blieb so als einzige Scheibe unbeschnitten erhalten.[16]

Angesichts des mißlichen Umstands, daß von den 43 Scheiben, die 1781 nach Hohenheim verbracht worden waren, heute nur noch 18 erhalten sind, und lediglich die Existenz einer weiteren erschlossen werden kann, stehen einer Rekonstruktion des ursprünglich 72 Rechteckscheiben umfassenden Fensters erhebliche Bedenken entgegen. Wenn hier dennoch ein Versuch unternommen werden soll, so deshalb, weil bei den bisherigen Überlegungen einige archäologische und historische Anhaltspunkte nicht berücksichtigt worden waren.

Eine Rekonstruktion des Fensters (Abb. 5) kann davon ausgehen, daß von ursprünglich neun Zeilen mindestens sechs wechselnd mit szenischen Darstellungen in Astwerkarkaden und thronenden Propheten, Aposteln und Evangelisten in Astwerkmandorlen besetzt gewesen waren. Wie die Scheibe mit dem Einzug Christi (Abb. 3) noch erkennen läßt, ver-

band das in grüngrundigen Kehlungen aufwachsende gelbe Astwerk die genasten Kielbogenarkaden jeweils mit den in Form von geschweiften Vierpässen genasten Mandorlen (Abb. 13, 15). Die jeweils blaugrundige Bildfelder umschließenden Bogen-Paß-Rahmen sind ihrerseits Teil einer mit rotem Grund hinterlegten weißen Maßwerkrahmung, die die Fensterbahnen wie ein Netz überzieht. Die unteren Zwickel zeigen jeweils aufsteigende Fischblasen; die stets beschnittenen oberen Zwickel dürften dagegen mit gegenläufigen Fischblasenpaaren gefüllt gewesen sein. Wegen der Überleitung des Astwerks in die nächste Kielbogenarkade läßt der Befund kaum eine andere Ergänzung zu. In der obersten Zeile, der sechs Scheiben mit thronenden Aposteln (Abb. 4) zugewiesen werden können, dürften die Mandorlen dagegen spitzbogig geschlossen gewesen sein, da hier die rotgrundige weiße Maßwerkrahmung jeweils in krabbenbesetzten Wimpergen ausläuft, deren in die Kopfscheiben hineinragenden, mit Kreuzblumen besetzten Spitzen noch in situ (Abb. 2) erhalten sind. Rahmen- und Binnenformen verschleifend, schloß dieses Maßwerkgitter, wie die Scheibe mit dem thronenden Propheten Jeremias (Abb. 13) noch zu belegen vermag, mit einem durchlaufenden weißen Rahmenprofil direkt an die Fensterpfosten an. Meist sind diese gestalterisch so bedeutsamen weißen Randleisten jedoch Beschneidungen zum Opfer gefallen.

Die Vorbilder für die in Bebenhausen auf so originelle Weise modifizierte Bogen-Paß-Rahmung sind in Straßburg zu finden, wo dieser Rahmentyp im frühen 14. Jahrhundert offenbar für typologische Zyklen entwickelt worden war. Als frühestes Beispiel gelten zwölf heute im Westfenster der Straßburger Wilhelmerkirche eingesetzte Scheiben, die aus dem dreibahnigen Achsenfenster des im Jahr 1306/07 fertiggestellten Chores stammen dürften. Nur vier Scheiben zeigen allerdings in den Paßrosetten Halbfiguren von Propheten und erweisen sich damit als Reste eines

Abb. 5. Bebenhausen, Klosterkirche,
Chor I (um 1335).
Rekonstruktion der Farbverglasung
(Entwurf: Rüdiger Becksmann,
Ausführung: Rainer Wohlrabe).
Maßstab 1:50

Legende:

A   *Apostel*
C   *Szenen der Jugend und*
       Passion Christi
E   *Evangelist*
M   *Szenen der Annen-*
       Marien-Legende
P   *Prophet*
W   *Wappen*

111

typologischen Bibelfensters, während die Scheiben mit leeren Paßrosetten statt der zu erwartenden alttestamentlichen Darstellungen Szenen der Passion Christi zeigen.[17]

Wie in Bebenhausen wird schon in Straßburg auf einen Farbwechsel verzichtet, stimmt die Farbigkeit von Rahmung und Grund in allen Bahnen überein. Allerdings sind hier das Astwerk weiß, das Maßwerk gelb gefaßt und die Grundfarben entsprechend getauscht.

Für das vierbahnige, elfzeilige Achsenfenster des seit 1307 errichteten, bis 1331 zumindest teilweise verglasten Chorneubaus der 1870 zerstörten und danach abgerissenen Straßburger Dominikanerkirche war das Bogen-Paß-System der Wilhelmer-Scheiben übernommen, jedoch wie in Bebenhausen auf zwei Zeilen ausgedehnt worden. Von den 1833 in das Münster übertragenen Scheiben befinden sich 18 heute in einem dreibahnigen Fenster der Laurentiuskapelle.[18] Sie zeigen Szenen aus dem Leben Christi, vornehmlich der Passion, in blaugrundigen Kielbogenarkaden und jeweils gleiche Halbfiguren eines segnenden Christus in vierpaßförmig genasten, ebenfalls blaugrundigen Mandorlen darüber (Abb. 6). Zwischen die beiden, durch das Astwerk miteinander verbundenen Bildfelder sind in das die Restflächen füllende grüngrundige Zwikkelmaßwerk noch Kreismedaillons mit Halbfiguren von Propheten eingefügt.

Ob das ehemalige Achsenfenster der Straßburger Dominikanerkirche allerdings das unmittelbare Vorbild für Bebenhausen war, bleibt angesichts des extrem linearen Stils von Rahmung und Figuren fraglich. Die für Bebenhausen tätige Werkstatt gestaltet nicht nur das Astwerk naturalistischer und das Maßwerk spannungsvoller, sie gesteht auch den Figuren mehr Volumen zu. Dies mag, worauf noch einzugehen sein wird, wesentlich eine Frage von Zeit und Ort ihrer Entstehung sein.

Abb. 6. Gefangennahme Christi. Straßburg, Münster, Laurentiuskapelle. Ehemals Straßburg, Dominikanerkirche, Chor I, vor 1331 (?).

Abb. 7. Szenen der Genesis in Bogen-Paß-Rahmungen mit Inschrift. Straßburg, Münster, Turmvorhalle. Straßburg, um 1330/35 (?).

Bedeutsamer ist zunächst die Feststellung, daß das Straßburger Rahmensystem für Bebenhausen modifiziert wird. So werden die bei den heilsgeschichtlichen Szenen eines typologischen Zyklus sinnvollen, bei sehr viel umfangreicheren erzählerischen Zyklen der Vita Christi jedoch unsinnigen, weil inflationären Prophetenpaare in den Zwickeln in Bebenhausen konsequenterweise durch Maßwerk ersetzt. Die Multiplikation immer gleicher Christusbüsten wird andererseits dadurch vermieden, daß die mandorlenartigen Bildfelder mit thronenden Gestalten von Propheten, Aposteln und Evangelisten besetzt

werden. In welcher Ordnung dies geschah, ist angesichts der starken Dezimierung des Scheibenbestandes allerdings nur noch in Ansätzen zu ermitteln.

Der Bebenhäuser Zyklus setzte vermutlich mit der Zurückweisung von Joachims Opfer ein und schloß mit der Auferstehung Christi ab. Er umfaßte folglich 48 figürliche Scheiben, von denen 1781 noch 43 vorhanden gewesen waren. Von den heute noch erhaltenen zehn Scheiben mit thronenden Figuren kann jedoch nur eine einzige zwingend mit einer erhaltenen Szene verbunden werden, der Prophet Jeremias mit der Zurückweisung

Abb. 8. Christuskopf aus Kreuzigung (?). Altshausen, Schloß (verschollen). Ehemals Bebenhausen, Klosterkirche, Chor I. Esslingen, um 1335.

Joachims (Abb. 13f.). Abweichend von allen übrigen Scheiben zeigen diese beiden statt Weinlaub eine mit Rosenblättern besetzte dunkelgelbe Astwerkranke. Da im Couronnement des linken vierbahnigen „Fensters" weiße Rosen, im rechten grüne Weinreben vorherrschen, hatte Hans Wentzel eine der Gleichsetzung von Maria = Rose und Christus = Weinrebe folgende Verteilung der Marien- und Christusszenen erwogen. Geht man davon aus, daß den Annen-Marien-Szenen Propheten, den Christus-Szenen hingegen Apostel zugeordnet waren, so stehen einer solchen Verteilung jene sechs Apostelscheiben entgegen, die auf Grund der Wimpergansätze nur in der obersten Zeile unterzubringen sind. Geht man weiter davon aus, daß zu den zwölf Aposteln noch die vier Evangelisten dargestellt waren, was Wentzel übersehen hatte, so ergeben sich drei Teilzyklen: Unter Propheten könnte die untere Doppelzeile die Annen-Marien-Geschichte von Joachims Zurückweisung bis zur Heimsuchung veranschaulicht haben; sechs Scheiben sind hiervon erhalten geblieben. Die zweite Doppelzeile hätte Kindheit und öffentliche Wirksamkeit Christi unter Aposteln bzw. Evangelisten umfaßt; außer der Flucht nach Ägypten sind diesem Teilzyklus der Evangelist Johannes (Abb. 17) sowie die Apostel Bartho-

lomäus und Jacobus maior zuzuordnen. Die Passion Christi vom Einzug in Jerusalem (Abb. 3) bis zur Auferstehung hätte demnach den Zyklus abgeschlossen. Erhalten haben sich hiervon außer dem Einzug Christi nur das Abendmahl; die Kreuzigung ist durch das Kopffragment (Abb. 8) belegt. Außerdem sind der obersten Zeile sechs der erhaltenen Apostel mit Petrus (Abb. 4) und Paulus im Zentrum zuzuweisen.

Obwohl in den Bildfeldern mindestens acht verschiedenartige Blattrankengründe verwendet werden, lassen sich Scheiben mit gleichartigen Rankengründen nicht derselben Bahn zuweisen, wie die im Muster wechselnden Rankengründe in den zwingend zusammengehörigen Scheiben von Joachims Zurückweisung und Jeremias (Abb. 13f.) belegen.

Mit der hier vorgeschlagenen Rekonstruktion (Abb. 5) lassen sich außerdem nur die sechs in nachmittelalterlicher Zeit noch sichtbaren Zeilen des Ostfensters einigermaßen überzeugend füllen. Für eine Ausdehnung des Zyklus auf vier Doppelzeilen gibt es andererseits keine Anhaltspunkte.

Hinzu kommt, daß die drei unteren Zeilen einem 1883 abgetragenen, wenig tiefen polygonalen Anbau zum Opfer gefallen waren, über dessen Bestimmung und Entstehungszeit Unklarheit zu bestehen scheint. Noch 1995 hat Mathias Köhler ihn als Grabkapelle für Abt Johannes von Fridingen in Anspruch genommen und um 1522 datiert, ohne Befund und Überlieferung genau geprüft zu haben. Sein überliefertes Erscheinungsbild wie seine schlechte bauliche Ausführung sprechen jedoch entschieden für eine Entstehung im frühen 17. Jahrhundert.[19] Eine Bestätigung hierfür vermag der Tübinger Altphilologe und Historiker Martin Crusius zu liefern. In seinen 1595 erschienenen „Annales Suevici" teilt er als letzter jene meist nach ihm zitierte dreizeilige Versinschrift mit, die Konrad von Lustnau als Auftraggeber im Ostfenster hatte anbringen lassen.[20] Sie lautete ursprünglich wohl:

114

„Abbas structuram Conradus condidi istam.
Praemia, virgo pia, structori redde Maria.
In Regno coeli, quod posco corde fideli."

In der Regel waren solche Inschriften am Sok-
kel einer Bildkomposition angebracht. Bei
einer Verteilung der Inschrift über acht Fensterbahnen ist dies allerdings wenig wahrscheinlich. Sollten die einzelnen Buchstaben
wie im Fenster des Marienlebens und der
Kindheit Christi im südlichen Seitenschiff des
Straßburger Münsters, von Dreipässen ge-
rahmt, entsprechend groß gestaltet gewesen
sein, hätte andererseits der verfügbare Platz
für mehr als 100 Zeichen nicht ausgereicht.[21]
Wahrscheinlicher ist daher, daß die dreizeilige Inschrift in einen aus Kreisen und Mandorlen gebildeten Maßwerkteppich eingefügt
gewesen war, der die drei unteren Zeilen füll-
te und für den das Genesisfenster im nördlichen Narthex des Straßburger Münsters
(Abb. 7) das Vorbild abgegeben haben könnte.[22] Eine auf solche Weise monumentalisier-
te und zugleich spielerisch-versteckte Anbrin-
gung der Stiftungsinschrift würde sich mit
der Vorstellung decken, die die Ausmalung
des Sommerrefektoriums von den Intentio-
nen ihres Auftraggebers vermittelt. Unter
Verwendung von Ligierungen hätten in Bebenhausen pro Feld jeweils vier, pro Zeile 32
Buchstaben eines Verses untergebracht werden können, während Tiere oder Grotesken
die Mittelfelder besetzten. Nimmt man an,
daß auf dem Hochaltar bereits ein - vielleicht
ebenfalls von Konrad von Lustnau gestifte-
ter - Flügelaltar stand, wäre eine ornamen-
tale Gestaltung der drei unteren Zeilen des
ohnedies weit herabreichenden Ostfensters
nicht nur ein bewußter Rückgriff auf zister-
ziensische Traditionen gewesen, sondern hätte darüber hinaus zur besseren Lesbarkeit
der figürlichen Darstellungen im Fenster
beigetragen.
Wäre jener Anbau dagegen um 1522 als Grabkapelle für Abt Johann von Fridingen errichtet worden, wie Köhler noch vermutet, so hätte dieser Abt - was kaum vorstellbar ist - die

monumentale Stifungsinschrift eines seiner
bedeutendsten Vorgänger beseitigt, da eine
Übertragung in die bis 1781 in situ bewahr-
ten figürlichen Scheiben auszuschließen ist.
Somit dürfte Crusius die von Konrad von
Lustnau kunstvoll in Leoninern verfaßte Stiftungsinschrift nicht aus älteren Klosterchro-
niken abgeschrieben, sondern selbst im Fenster gelesen und transkribiert haben; erst mit
dem um 1627 eingetretenen Verlust der
Scheiben aus den drei unteren Fensterzeilen
war dies nicht mehr möglich. Wie das Nordquerhausfenster der Salemer Klosterkirche
verglast gewesen war, ist nicht überliefert.
Für die Annahme einer figürlichen Farbverglasung bieten die spärlichen Nachrichten
aus nachmittelalterlicher Zeit keine Anhaltspunkte. Im Gegensatz zum Nordquerhaus der
Altenberger Klosterkirche, wo eine den Ordenstraditionen entsprechende Grisailleverglasung lediglich mit Tieren belebt wurde,
dürfte das gleichzeitig verglaste Salemer Fenster eine mit farbigen Gläsern durchsetzte Or-
namentverglasung gezeigt haben, ähnlich
derjenigen, die um 1300/1310 in einer Konstanzer Werkstatt für die Langhausfenster
der Klosterkirche in Kappel am Albis ausgeführt worden war.[23]
Daß die Idee, zur Gliederung von Bildfenstern
Maßwerkformen einzusetzen, um damit die
zu verglasenden Fensterflächen, aber auch
die vielschichtigen Bildprogramme besser
strukturieren zu können, um 1310 in Straßburg aufkam, verwundert nicht, angesichts
der Bedeutung, die der Straßburger Bauhüt-
te auf Grund der Fülle ihrer Formerfindun-
gen zukommt. Am Anfang scheint die zunächst für typologische Zyklen entwickelte
Bogen-Paß-Rahmung zu stehen. Sie erweist
sich, wie am besten wohl das „ältere" Apo-
stelfenster in Königsfelden zu zeigen vermag,
als ein ebenso anpassungs- wie entwicklungs-
fähiges Rahmensystem.[24] Selbst zur Bildung
zeitgemäßer Medaillonfenster ließen sich seine Elemente verwenden, wie das Bäckerfen-
ster mit seinem Katharinenzyklus im Freiburger Münster und das Marienfenster der

Abb. 9. Prophet Jeremias (Ausschnitt aus Abb. 13). Esslingen, um 1335.

Abb. 10. Moses mit Begleiter (Ausschnitt aus Eherner Schlange). Esslingen, Frauenkirche, Chor I, 9 c. Esslingen, um 1330.

Esslinger Frauenkirche um 1330 belegen.[25] Die Farbigkeit ist dagegen von Anfang an mehr oder weniger festgelegt: Entweder ist der innere Ast- oder Maßwerkrahmen weiß und der äußere gelb, wie in allen erhaltenen elsässischen Beispielen, oder umgekehrt, wie in Königsfelden, Freiburg, Esslingen und Bebenhausen. Unabhängig hiervon wird das Ast- oder Maßwerk wechselnd rot oder grün hinterlegt. In Königsfelden und Freiburg kommen noch rosaviolette Füllungen hinzu. Bildfelder werden dagegen stets blau grundiert, um ihnen in der Gesamtkomposition jeweils die tiefste Raumschicht zuordnen zu können. Aus diesem Grund verzichten solcherart gegliederte Bildfenster in aller Regel - selbst bei einem achtbahnigen Fenster wie in Bebenhausen - auf den sonst üblichen, die Verglasung rhythmisierenden Farbwechsel von Bahn zu Bahn. In bahnübergreifenden Großmedaillonfenstern wie dem um 1330 entstandenen Chorachsenfenster der Königsfeldener Klosterkirche hat die Idee, Farbverglasungen mit Hilfe von „Maßwerkgittern" gewissermaßen systemimmanent zu strukturie-

ren, schließlich ihre wohl ausgewogenste und folgenreichste Lösung hervorgebracht.[26] Allenthalben werden im zweiten Viertel des 14. Jahrhunderts Maßwerkformen zur Strukturierung von Farbverglasungen eingesetzt, nicht nur im figürlichen, sondern zunehmend auch im ornamentalen Bereich, in den Fensterbahnen wie in den Maßwerkfeldern.[27] Innerhalb dieser Entwicklung erweist sich das Bebenhäuser Ostfenster insofern als besonders avantgardistisch, als hier zum ersten Mal ausgeprägte Fischblasenformen im Maßwerk des Fensters wie in seiner Verglasung zum Einsatz kommen. Die hier zu konstatierende Symbiose von Architektur und Bildkünsten macht zweifellos den besonderen Rang dieses an Ort und Stelle nur noch in Ansätzen nachzuvollziehenden Gesamtkunstwerks aus.

Es liegt nahe, daß der im Anniversar genannte, 1359 verstorbene „magister petrus lapicida", ein aus Reutlingen stammender Konverse des Klosters, das Sommerrefektorium und das neue Ostfenster im Chor der Kirche, vielleicht auch die an das Nordquerhaus ange-

Abb. 11. Thronender Salomo, Tafelbild (Ausschnitt). Stuttgart, Staatsgalerie. Ehemals Bebenhausen, Sommerrefektorium. Esslingen, um 1335.

fügte Grabkapelle für Konrad von Lustnau ausgeführt hat; die Entwürfe hierfür dürfte jedoch ein Architekt aus Salem oder Konstanz geliefert haben, der wohl auch auf die Gestaltung der Farbverglasungen Einfluß genommen hat. Den Auftrag zu ihrer Ausführung hat Abt Konrad von Lustnau jedoch - zumindest im Falle der zu Teilen erhaltenen Farbverglasung des Ostfensters - an eine Eßlinger Werkstatt vergeben, was schon Hans Wentzel mit überzeugenden Argumenten wahrscheinlich machen konnte.[28] Ausschlaggebend war für ihn die Beobachtung, daß das Bebenhäuser Ostfenster nicht nur in der Proportionierung und Farbgebung seiner Ast- und Maßwerkformen, sondern auch in der Zeichnung seiner überaus reichen Blattrankengründe direkt auf das um 1330

Abb. 12. Bemalter Schlußstein mit Prophet. Bebenhausen, Sommerrefektorium (um 1335).

ausgeführte Marienfenster der Esslinger Frauenkirche zurückgreift, während sich seine Figuren stilistisch an dem in einer anderen Esslinger Werkstatt ausgeführten Bibelfenster der Frauenkirche (Abb. 9f.) bzw. an den darin verwerteten westlichen Vorlagen orientieren. Dies erklärt auch, warum das Bebenhäuser Fenster nicht den bereits graphisch verhärteten, manierierten Stil jener Straßburger Fenster (Abb. 6f.) übernimmt, durch die seine Gliederung angeregt wurde. In diesen Werkstattzusammenhang hat Hans Wentzel auch die originelle Ausmalung des Sommerrefektoriums, insbesondere die auf Goldgrund gemalten Figuren der Schlußsteine (Abb. 12) und die als Supraporte in den mit einem Maßwerkvorhang verblendeten inneren Türbogen eingefügte Thron-Salomonis-Tafel (Abb. 11) einbezogen. Zwischen den Schlußsteinen und den Scheiben gibt es in den Kopftypen wie in den Gewandformationen vielfältige Übereinstimmungen, die für eine Ausführung in der gleichen Werkstatt sprechen. Gegenüber der Tafel sind die stilistischen Zusammenhänge weniger überzeugend. Bedenkt man jedoch, daß in einer Werk-

statt, die neben Tafel- und Wandmalereien auch umfangreiche Farbverglasungen ausgeführt hat, mehrere entsprechend ausgebildete Maler nebeneinander tätig gewesen sein müssen, so sind für die Zuweisung von Werken unterschiedlicher Gattungen an die gleiche Werkstatt weniger handschriftliche als vielmehr entwurfsabhängige formale und farbliche Übereinstimmungen entscheidend, und solche bestehen vielfältig zwischen den für das Kloster Bebenhausen geschaffenen Werken der Glas-, Wand- und Tafelmalerei.

Gegenüber dem Esslinger Marienfenster erweist sich das Bildprogramm des Bebenhäuser Fensters in seiner Mischung aus erzählerischen und repräsentativen Elementen jedoch als eher konventionell. Für ein Zisterzienserkloster waren figürliche Farbverglasungen dieses Umfangs im Presbyterium jedoch auch um 1335 noch ein insgeheim gegen die Ordenstraditionen verstoßendes Zugeständnis an eine neue Zeit, das zunächst nur bei Frauenklöstern hingenommen wurde.[29] Seit etwa 1300 werden jedoch auch in Männerklöstern figürliche Fensterstiftungen von Schirmherren oder Adligen angenommen und vom Generalkapitel geduldet.[30] Erst gegen die Jahrhundertmitte häufen sich dem Bebenhäuser Ostfenster in Umfang und Gestaltung vergleichbare Farbfenster in Zisterzienserkirchen.[31] Auch das anfangs schon einmal erwähnte sechsbahnige, ursprünglich elfzeilige Ostfenster der Zisterzienserkirche Hauterive erhält um 1340 einen umfangreichen Vita-Christus-Zyklus, und zwar nach dem Bebenhäuser Vorbild.[32] Obwohl die wenigen Reste dieses Fensters nur einen schwachen Abglanz hiervon vermitteln, machen sie doch deutlich, welches Aufsehen das um 1335 ausgeführte Bebenhäuser Fenster zumindest innerhalb des Zisterzienserordens erregt haben muß.

Anmerkungen

1 Zur Geschichte des Klosters ausführlich Sydow 1984.

2 Köhler 1995, S. 206-289. Zum Sommerrefektorium und seiner Ausmalung vgl. demnächst Jürgen Michler, in: Jahrbuch der Staatlichen Kunstsammlungen in Baden-Württemberg (35) 1998. Auch die bis 1904 als Supraporte auf der Innenseite in das Portal integrierte, heute an Ort und Stelle durch eine Kopie ersetzte Tafel mit der Darstellung eines Thron Salomonis, eine der wenigen Inkunabeln der schwäbischen Tafelmalerei vor 1350, bedürfte, ausgehend von einer technologischen Untersuchung, dringend einer umfassenden bild- und stilgeschichtlichen Bearbeitung. Zuletzt hierzu Edeltraud Rettich, in: Staatsgalerie Stuttgart, Alte Meister, Stuttgart 1992, S. 54-56, sowie Becksmann 1997, S. 23. Die noch 1779/80 ausgebesserte, zuletzt von Klunzinger 1852, S. 29, erwähnte Farbverglasung des Sommerrefektoriums ist spurlos verschwunden. Wir wissen nicht einmal, wie sie ausgesehen hat und aus welcher Zeit sie stammte.

3 In den von Pfaff 1855, S. 192, edierten „Dies fatales" heißt es hierzu: „Sub quo etiam abbate Conrado anno 1335 constructum est campanile ecclesiae fenestra retro summum altare cum omni suo ornatu ... Nova etiam capella, iuxta Cemiterium Ecclesia annexa suo cum ornatu ..."

4 Die Geschichte ihrer Überlieferung hat Köhler 1995, S. 94-100, ausführlich dargestellt.

5 Zu Tennenbach vgl. Majer-Kym 1926/27, S. 87-116, bes. Taf. 59, zu Hauterive Beer 1965, S. 77-99.

6 Vgl. Michler 1984, S. 42-44, sowie ders. 1997.

7 Diese Meinung vertritt Köhler 1995, S. 280f. Vgl. hierzu auch Schütz 1982, S. 247-261, Abb. 122-124.

8 Für Oppenheim nachgewiesen bei Becksmann 1989, S. 376f.; zu Befund und Deutung der „Ratsrose" vgl. jetzt Rauch 1997, S. 57f., 203-225, Farbtaf. IV.

9 Ähnlich urteilt bereits Behling 1978, S. 30. Vgl. auch Binding 1989, S. 267-298.

10 Bei der im Zuge einer Gesamtrenovierung durchgeführten Maßnahme wurden von Zettler alle 1850 von dem auch in der Tübinger Stiftskirche tätigen Reutlinger Glasmaler Friedrich Pfort eingebrachten Ergänzungen wieder entfernt. Diese Angaben sind, worauf mich Frau Dr. Ursula Schwitalla freundlicherweise aufmerksam machte, in den Tagebuchnotizen von Forstrat Tscherning (Universitätsbibliothek Tübingen, Mh 888, Bebenhausen IV, S. 147) enthalten. Den damals geschaffenen Zustand gibt eine von Paulus 1887, Taf. VIII, reproduzierte aquarellierte Zeichnung von Eugen Macholdt (Abb. 2) wieder. Zur Beurteilung des Befundes vgl. Wentzel 1958, S. 186-189, Abb. 429f.

11 Die Reparatur von 1780 ist in den Klosterverwaltungsrechnungen, Jahres-Bau-Consignation 1780 (Hauptstaatsarchiv Stuttgart, A 303, Bü. 1473) vermerkt, der von Direktor von Hochstetter unterzeichnete Befehl vom 20. April 1781 zum Ausbau der Scheiben und ihrer Lieferung nach Hohenheim befindet sich in den Akten der Kloster- und Forstverwaltung Bebenhausen (ebenda, A 284/9 Bü. 172). Die Angabe, daß 43 Scheiben nach Hohenheim geliefert worden waren (Becksmann 1986, S. 3), beruht auf einer in Altshausen verwahrten Notiz, wie Hans Wentzel in seinem Manuskript zu Schwaben II vermerkt hat.

12 Wentzel 1958, S. 177-185.

13 Goethe, Werke III, 2, Weimar 1888, S. 244.

14 Vgl. hierzu nochmals Becksmann 1986, S. 3f.

15 Für die oberste Zeile der drei Fenster waren die sechs Apostelscheiben mit Wimpergbekrönung, für die unterste Zeile die sechs Szenen des Marienlebens und der Jugend Christi ausgewählt worden. Die mittlere Zeile des Achsenfensters dürften die beiden zentralen Passionsszenen des Abendmahls und der Kreuzigung Christi, flankiert von Johannes, Jeremias, Bartholomäus und Jacobus maior, besetzt haben. Das verschollene Fragment eines Christuskopfes (Abb. 8), das schon Wentzel 1958, S. 185, trotz der geöffneten Augen des Haaransatzes und der entblößten Schulter wegen einer Kreuzigung zugeordnet hatte, muß der Rest dieser Kreuzigung gewesen sein.

16 Ein solches Vorgehen mag verwundern, entsprach jedoch der bei fast allen Sammlern von Glasmalereien im späten 18. und frühen 19. Jahrhundert zu beobachtenden Haltung, wie Hess 1995/96 am Beispiel der Sammlung des Grafen von Erbach jüngst dargelegt hat.

17 Vgl. hierzu Gatouillat 1994, S. 221; dort auch eine farbige Abbildung des gesamten Scheibenbestandes (Taf. XXIII). Zu den noch immer ungeklärten Fragen der Rekonstruktion dieses Bildzyklus und seines ursprünglichen Standorts vgl. Becksmann 1967, S. 140f., und neuerdings Daniel Hess/Hartmut Scholz, in: Kunstchronik 51, 1998, S. 123f.

18 Die Bearbeitung dieses Scheibenbestandes im Rahmen des CVMA durch Victor Beyer liegt noch immer nicht vor. Vgl. daher Becksmann 1967, S. 126-131, und Gatouillat 1994, S. 210-212.

19 Vgl. Köhler 1995, S. 80f., 99, 387, sowie Leibnitz 1855, S. 79, und dessen 1858 nachgelieferte zeichnerische Bauaufnahme. In seinen Tagebuchnotizen aus der Zeit des Abbruchs vermerkt Forstrat Tscherning (UBT, Mh 888, Bebenhausen IV, S. 143) nicht nur, daß sich keine Spuren einer Grablege gefunden haben, er erwähnt auch, daß Heinrich Schickhardt der Klosterschule 1623 vorgeschlagen hatte, zur Unterbringung der dringend benötigten Orgel an der Chornordwand einen steinernen Schnegg anzubringen, daß statt dessen jedoch 1627 der 1883 abgetragene Anbau erfolgt sei. Für die Übermittlung dieser Angaben sei wiederum Frau Dr. Ursula Schwitalla herzlich gedankt.

20 Crusius 1595, II, S. 498, deutsche Übersetzung von J. J. Moser, Frankfurt a.M. 1733, S. 662. Unter den Bauten, die Konrad von Lustnau 1335 hat errichten lassen, heißt es dort: „Ecclesiae: fenestra post summum altare, cum suo ornatu: in qua, hi versus:
Abbas structuram Connradus condidit istam.
Praemia, virgo pia, structori redde Maria:
In Regno coeli, quod posco corde fideli." Der Personenwechsel in der ersten und letzten Zeile der in Leoninern verfaßten Stiftungsinschrift beruht wahrscheinlich auf einem Lesefehler. Frei übersetzt könnte der Text folgendermaßen gelautet haben: „Diesen Bau [gemeint ist der Umbau des Chores] habe ich, Abt Konrad, errichten lassen. Die fromme Jungfrau Maria gebe seinem Erbauer dafür im Himmelreich den ihm gebührenden Lohn, was ich mit gläubigem Herzen fordere".

21 Zu dem erwähnten Seitenschiffenster im Straßburger Münster vgl. Beyer, in: CVMA France IX, 1, 1986, S. 208, 215, Fig. 181-183, sowie die kritischen Anmerkungen hierzu von Christiane Wild-Block, in: Zs. für Schweizerische Archäologie und Kunstgeschichte (50) 1993, S. 125-135. An ungewöhnlicher Stelle hat man in der 1331 geweihten Liebfrauenkirche in Oberwesel am Rhein eine monumentale Bauinschrift, die in 45 Zeichen das Datum der Grundsteinlegung vermerkt, in eine Farbverglasung eingefügt: in die Dreipässe der die fünf dreibahnigen Chorschlußfenster unterteilenden Maßwerkbrücke. Obwohl diese Inschrift wie diejenige

in Bebenhausen schon im späten 16. Jahrhundert Aufmerksamkeit erregt hatte, galt sie bis vor kurzem als verloren. Vgl. hierzu Nikitsch 1996.

22 Vgl. nochmals Beyer, in: CVMA France IX,1, 1986, S. 472-479, und Gatouillat 1994, S. 201f., die beide das Fenster wohl zu spät datieren (1340/50 bzw. gegen 1340), während Maurer 1954, S. 316, es sicher zu früh (um 1320?) angesetzt hat. Um 1330/35 könnte es jedoch entstanden sein. Die ebenfalls in Leoninern abgefaßte Inschrift folgt der Anordnung der Szenen von oben nach unten und lautete ursprünglich wohl:
+Quod primo limus/fuerat fit post homo primus
+ Donna Cain spernit/ Deus Abel Noeque admittit.

23 Zu Salem vgl. Becksmann 1979, S. 216f., zu Altenberg Lymant 1979, S. 38, 89f., Abb. 36f., und zu Kappel wiederum Beer 1965, S. 13-40, insbesondere S. 33, 35-37, 39, Taf. 10, 15, 20, 23.
Die entwicklungsgeschichtlich jüngsten Muster zeigen in Kappel zwar schon genaste Vierpässe mit Maßwerkzwickeln als Rahmen für Blattkreuze, doch sind sie wie die älteren Rahmenformen stets Teile eines von vegetabilen Randborten eingefaßten Teppichornaments und noch kein direkt an die Fensterpfosten anschließendes, die Fensteröffnungen perforierendes Maßwerkgitter mit Ornamentfüllungen. Solche Bildungen sind erst für das vierte Jahrzehnt des 14. Jahrhunderts typisch (s. Anm. 27), können also - entgegen den Mutmaßungen von Michler 1997, S. 15 - noch nicht für das im ersten Jahrzehnt verglaste Salemer Nordquerhausfenster verwendet worden sein.

24 Vgl. Maurer 1954, S. 160-169, sowie seine wegweisende Würdigung der Königsfeldener Chorfenster ebd., S. 312-321. Zu ihrer Datierung vgl. jetzt Gerhard Schmidt, in: Österreichische Zs. für Kunst und Denkmalpflege (40) 1986, S. 161-171, und der farbigen Abbildungen wegen: Königsfelden, hrsg. von Michael Stettler, Olten/Freiburg i. Br. 1970.

25 Zu Freiburg vgl. einstweilen Krummer-Schroth 1978, S. 33-37, zu Esslingen Wentzel 1958, S. 153-159, Farbtaf. 5, Abb. 282-319, und zuletzt Becksmann 1997, S. 128-130.

26 Vgl. nochmals Maurer 1954, S. 92-105, 316-321, und ders., in: Bulletin de la Cathédrale de Strasbourg 15, 1982, S. 59-67, sowie die zahlreichen Farbabbildungen in: Königsfelden 1970. Eine Entwicklungsgeschichte der Groß-

medaillonfenster ist noch immer nicht geschrieben.

27 Dieser für das zweite Viertel des 14. Jahrhunderts typischen Verglasungsform ist bisher wenig Aufmerksamkeit geschenkt worden. Sie begegnet beispielsweise in den Maßwerkverglasungen des Thron-Salomonis-Fensters und der beiden Narthexfenster des Straßburger Münsters, in der 1331 vollendeten Chorverglasung der Oberweseler Liebfrauenkirche, in den jüngeren Langhausfenstern des Freiburger Münsters, insbesondere im Schmiedefenster und auffällig häufig in der Langhausverglasung der Oppenheimer Katharinenkirche. Zu Straßburg vgl. Beyer 1986, S. 384-386, 480-482, 490-493, zu Freiburg Krummer-Schroth 1978, S. 38-43, zu Oberwesel und Oppenheim Rauch 1997, S. 155-159, Farbtaf. 4-6, Abb. 31, 33-36, 39, 44-49. Noch weitgehend unerforscht sind auch die hochgotischen Ornamentverglasungen. Neue Anstöße hierzu dürfte die in Vorbereitung befindliche Kölner Ausstellung „Himmelslicht. Europäische Glasmalereien im Jahrhundert des Kölner Dombauer (1248-1349)" liefern. Hier sei daher nur auf zwei der bemerkenswertesten Schöpfungen von maßwerkgegliederten Ornamentverglasungen hingewiesen: die nach 1330 erneuerten Ornamentbahnen in der Dreikönigenkapelle des Kölner Domes und die vermutlich nach 1335 für den Chor der ehemaligen Straßburger Dominikanerkirche geschaffenen Ornamentfenster mit bahnübergreifenden Maßwerkrosen. Vgl. hierzu Rode 1974, S. 57-60, Abb. 53, 58, Beyer 1986, S. 112-115, bzw. Gatouillat 1994, S. 214.

28 Erstmals ausgesprochen hat Wentzel seine These 1943, ausführlich begründet 1958, S. 24f., 181-183. Zur Werkstattfrage zuletzt Becksmann 1997, S. 23f., 119f., 124.

29 Bereits gegen 1250 hatten die Zisterziensernonnen in Neukloster/Mecklenburg ihre ornamentverglasten Langhausfenster, gegen die Ordensvorschriften verstoßend, mit Standfiguren von Aposteln, Propheten und Heiligen, darunter die erst 1235 heiliggesprochene Elisabeth von Thüringen, geschmückt. Vgl. hierzu Becksmann 1995, S. 63. Selbst gegen 1320 war eine Farbverglasung wie diejenige, die Elisabeth von Stoffeln in das Ostfenster der Zisterziensernonnenkirche von Heiligkreuztal bei Riedlingen gestiftet hat, in einem Männerkloster nicht denkbar, beherrscht sie doch den Chorraum mit einer viergeschossigen, architektonisch gegliederten Bildkomposition wie ein überdimensionierter Schreinaltar. Vgl. hierzu wiederum Wentzel 1958, S. 190-196, Farbtaf. 7f., Abb. 431-469.

30 Die schon erwähnte Langhausverglasung der Kirche des Zisterzienserklosters Kappel am Albis (s. Anm. 23) liefert hierfür ein aufschlußreiches Beispiel. Vgl. hierzu auch Becksmann 1975, S. 73f. Sollte die mit anderen Figurenscheiben in eine Grisailleverglasung eingefügte Stifterscheibe im Chor der nach 1291 neu errichteten Doberaner Zisterzienserkirche die 1282 verstorbene Königin Margarete von Dänemark darstellen, so scheint hier bereits vor 1300 die durch eine königliche Stiftung ausgelöste Übertretung der Ordensregeln in Kauf genommen worden zu sein. Eine Entstehung dieser Scheibe um 1270/80, wie sie Richter 1993 vertritt, vermag aus stilgeschichtlichen Gründen nicht zu überzeugen.

31 Genannt sei hier vor allem das sechsbahnige Ostfenster der Kirche des Zisterzienserklosters Amelungsborn, dessen 1945 weitgehend zerstörte Farbverglasung wie in Bebenhausen 72 Scheiben enthielt. Unter immer gleichen Wimpergbekrönungen zeigten sie 36 Szenen von der Verkündigung an Joachim bis zum Jüngsten Gericht. Vgl. hierzu Wentzel 1954, S. 42, 96, Abb. 137, sowie ders., in: Pantheon 43 (1965), S. 139-145.

32 Vgl. hierzu nochmals Beer 1965, S. 77-99, Farbtaf. 3f., Taf. 60-90. Ob die in ein gelbes Maßwerkgerüst mit grüngrundigen roten Fischblasenzwickeln und mandorlenförmigen, wechselnd blau- oder rotgrundigen Bildfeldern eingefügten Szenen der Vita Christi das ganze Achsenfenster füllten, ist fraglich, zumal die paarweise in Großmedaillons eingefügten und von Prophetenmedaillons flankierten Apostel ursprünglich die seitlichen Chorfenster füllten.

Abb. 13.

Abb. 14.

Katalog der erwähnten Scheiben

Prophet Jeremias   Abb. 9, 13
H. 53,5 cm (urspr. 67 cm), B. 40,5 cm. Altshausen, Schloß Nr. 29.

Auf Grund der sonst nicht nachweisbaren Astwerkrahmung muß diese Scheibe einst mit der Zurückweisung Joachims verbunden gewesen sein. In einen weiten Überwurf gehüllt, sitzt der durch sein Spruchband als Jeremias bezeichnete Prophet, heftig gestikulierend, mit übereinandergeschlagenen Beinen auf einem isometrisch verräumlichten Sockel, in dem Wentzel eine Anspielung auf die „Trümmer Jerusalems" vermutet hatte. Grünes Mantelfutter ergänzt.

Zurückweisung Joachims   Abb. 14
H. 53,5 cm (urspr. 67 cm), B. 38,5 cm (urspr. 40,5 cm). Altshausen, Schloß Nr. 31.

Die selten dargestellte Szene aus der Annen-Marien-Legende könnte am Anfang des Zyklus gestanden haben. Statt Weinlaub zeigt das Astwerk des Rahmens Rosenblätter (abweichende Blätter links eingeflickt). Sonst bis auf die fehlenden Randleisten und die Beschneidung oben intakt erhalten, Inkarnatgläser allerdings stark verbräunt. Außenseitige Bemalung (Modellierung der Köpfe und Gewänder, Muster der Altardecke und der Mitra) in großem Umfang erhalten.

Tempelgang Mariae   Abb. 16
H. 53,5 cm (urspr. 67 cm), B. 38,5 cm (urspr. 40,5 cm). Altshausen, Schloß Nr. 33.

Über fünf nach oben immer dunkler werdenden Stufen in Form isometrisch verräumlichter Klötzchenfriese geleitet Anna die kleine Maria in den Tempel, der am Ende der Stufen in Gestalt einer gotischen Kapelle aufragt. An Wasserschlag und Gewölberippen Silbergelb. Im Gewand Annas mittelalterliche Flickstücke, ihr Gesicht stark verbräunt. Blauer Rankengrund mit Rosenblüten (oben Eichenlaub eingeflickt).

Apostel Bartholomäus   *Abb. 15*
H. 54 cm (urspr. 67 cm), B. 40,5 cm.
Altshausen, Schloß Nr. 23.

Das durch Verbräunung wenig beeinträchtigte Feld ist bis auf die obere Beschneidung intakt erhalten. Der auf einer Thronbank sitzende, durch das Messer als Bartholomäus gekennzeichnete Apostel erweist sich in seiner Haltung wie in seiner Gewandung als eine der fortschrittlichsten Schöpfungen des Meisters.

Apostel Petrus   *Abb. 4*
H. 54 cm (urspr. 67 cm), B. 39,5 cm (urspr.
40,5 cm). Altshausen, Schloß Nr. 21.

Bis auf die obere Beschneidung und die fehlende rechte Maßwerkleiste intakt erhalten; der purpurviolette Mantel Petri, das rosa getönte Inkarnat und der blaue Rankengrund sind jedoch stark verbräunt. Die thronende Gestalt ist nicht nur durch den Schlüssel, sondern schon durch ihre Physiognomie als einer der beiden Apostelfürsten zu erkennen. Der selten beigegebene Kreuzstab verweist auf seinen in der Nachfolge Christi stehenden Tod wie auf dessen Passion, zu deren bekrönenden Figuren in der obersten Zeile des Fensters er auf Grund der weißen Wimpergansätze einst gehörte.

Einzug Christi in Jerusalem   *Abb. 3*
H. 67 cm, B. 39 cm (urspr. 40,5 cm).
Lichtenstein, Schloß.

Die einzige in der Höhe vollständig erhaltene Scheibe des Zyklus verdeutlicht, trotz einiger alter und moderner Flickstücke, besser als die anderen erhaltenen Scheiben die von Wentzel (1943) so unnachahmlich beschriebenen gestalterischen Qualitäten ihres Meisters. In welcher Weise er über seine Vorlagen im Bibelfenster der Esslinger Frauenkirche hinauswächst, mag ein Vergleich der Eselin des Einzugs mit dem der Flucht und des jugendlichen Jüngers mit dem Propheten Daniel (Wentzel 1958, Abb. 338, 346) zeigen.

Abb. 15.

Abb. 16.

123

Abb. 17.

Evangelist Johannes   *Abb. 17*
H. 53 cm (urspr. 67 cm), B. 40,5 cm.
Altshausen, Schloß Nr. 25.

Abweichend von den übrigen Aposteln folgt
die Darstellung des Johannes dem Typus des
Autorenbildes. Er ist durch ein Spruchband,
das er selbst beschreibt, als Evangelist bezeichnet. Vermutlich war die Folge der Apostel durch Autorenbilder der vier Evangelisten eingefaßt. Die detailgenaue Wiedergabe
des gedrechselten Adlerpultes und der
Schreibutensilien beeindruckt ebenso wie die
lebendige Erfassung der Tätigkeit.

Apostel Andreas   *Abb. 18*
H. 55 cm (urspr. 67 cm), B. 39 cm (urspr.
40,5 cm). Altshausen, Schloß Nr. 30.

Die ursprünglich ebenfalls in die oberste Zeile
des Fensters gehörige Scheibe wurde 1914
nicht neu verbleit; die störend breite, unbe-
holfene Verbleiung weist in das frühe 19.
Jahrhundert. Der durch Kreuz und Buch als
Andreas zu bestimmende bärtige Apostel sitzt
auf einer von einer Maßwerkbrüstung eingefaßten Bank. Die Bildung seines Kopfes gehört neben der des Jeremias zu den beein-
druckendsten Leistungen des ganzen Zyklus.

Abendmahl Christi   *Abb. 19*
H. 53,5 cm (urspr. 67 cm), B. 38,5 cm (urspr.
40,5 cm). Altshausen, Schloß Nr. 37.

In der Reduktion auf den von zwei Jüngern
flankierten Christus, den an seiner Brust ru-
henden Johannes und den vor dem Tisch
knienden Judas folgt die Darstellung dem
Bildschema des Abendmahls im Bibelfenster
der Esslinger Frauenkirche. Daher dürfte
auch der durch rote und gelbe Gewandstücke
sowie durch Blankgläser entstellte Tisch in
seiner Form und Deckung dem Esslinger
entsprochen haben. Hervorzuheben ist außerdem die Verwendung unterschiedlicher In-
karnattöne - Judas soll dadurch als Verräter
gebrandmarkt werden - sowie die Tönung der
Haare Christi und des Wein trinkenden Jüngers durch Silbergelb.

Abb. 18.   *Abb. 19.*

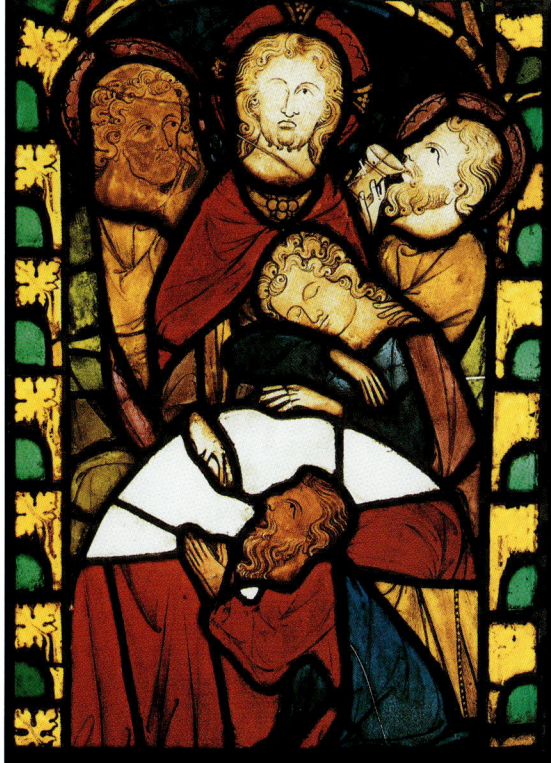

Abb. 1.
Tafelreliquiar, Kloster Bebenhausen.
Holz, außen bemalt, mit Eisenbeschlägen,
um 1400.

Reliquiare, Aufbewahrungs- und Präsentations-
behälter für Reliquien, sind seit dem frühen Chri-
stentum in Gebrauch. Tafelreliquiare in Di-
ptychonform, wie das abgebildete, werden jedoch
erst ab dem 14. Jahrhundert geläufig. Sie haben
im allgemeinen eine gerade Oberkante. Ein derar-
tig hoher giebelartiger Aufsatz wie der des Beben-

häuser Reliquiars, ist eine Seltenheit. Auch die
Maße (Höhe 73,5 cm, Tafelbreite 25,5 cm) sind
erstaunlich.
Die beiden Innenseiten sind in kleinere Fächer
aufgeteilt, die flache Reliquien enthielten und wohl
mit dünn geschliffenen Hornplatten oder Perga-
ment waren. Die Eisenbeschläge an den Außen-
seiten weisen neben Pflanzenranken das mehrfach
wiederkehrende, teilweise aber verlorene Motiv
eines Flügelpaares, das sich als das Wappen des
Abtes Peter von Gomaringen (1393-1412) identifi-
zieren läßt. (S.K.)

Der Sebastianspfeil: Die einzig erhaltene Reliquie aus dem Kloster Bebenhausen

Ursula Schwitalla

Reliquien waren eine unabdingbare Voraussetzung für die Weihe eines Altares im Mittelalter. Mehr als zwanzig Altäre waren in der Kirche des Klosters Bebenhausen bis zur Reformation aufgestellt. Eine Handschrift des 17. Jahrhunderts[1] nennt nach alten Quellen die Patrone aller dortigen Altäre sowie die Heiligen und Märtyrer, deren Reliquien den Altären beigegeben waren. Hier zeigt sich auch für Bebenhausen das vertraute Bild eines reichen mittelalterlichen Reliquienschatzes und dessen Verehrung durch die Zisterziensermönche. Sowohl die Altäre als auch die dort aufbewahrten Reliquien konnten in Bebenhausen die Reformation allerdings nicht überdauern. Lediglich ein ungewöhnliches Tafelreliquiar aus Holz verblieb im Kloster und wurde erst vor 30 Jahren wiederentdeckt (Abb. 1).

Einige Reliquien - offensichtlich solche von kleinerem Format - hatten die letzten katholischen Konventualen im Jahr 1559 aus Bebenhausen in das elsäßische Kloster Pairis mitgenommen, wie einem im Jahr 1578 im Auftrag der österreichischen Regierung angefertigtem Inventar zu entnehmen ist.[2] Die Konventualen aus Bebenhausen hatten „zwei Köpf [große Becher], darinnen reliquie sanctorum" auf ihrer Flucht mit sich geführt. Sie gingen allerdings während der französischen Revolution mit der Ausstattung des Klosters Pairis verloren.

Nur eine einzige Reliquie aus der Zisterzienserzeit überdauerte die Jahrhunderte: der sogenannte Sebastianspfeil, der „gleichsam ins Dunkle geworfen" nach der Reformation noch im Kloster vorhanden war (Abb. 2). Er verdankt seine Erhaltung der Geschäftstüchtigkeit des evangelischen Abtes Johannes Stecher, der von 1597 bis 1611 der Klosterschule in Bebenhausen vorstand. Dank der eigenhändigen Expertise dieses Abtes[3] sind wir über die Herkunft und das weitere Schicksal der Sebastiansreliquie genauestens unterrichtet:

„Telum hoc (quod vetustatis teste) causa martirii Sancti Sebastiani fuit haud exigua anno 1464 a Pontifice Maximo Pio 2do paulo ante obitum Beatissimi Patris Bebehusium transmissum, eoque monasterium donatum, nec non Papatus tempore in maximo cultu et observantia habitum est. Reformatione autem subsecuta, tamquam abiectum in occulto ad diem usque 5 octobris, anni Christi 1606 latuit, quod cum in supra scripto coenobio, schedula perantiqua, omnique ex parte corosa, unde donationem vix ne vix quidem colligere potui, circumdatum a me repertum sit intermittere non potui, quin antiquitatis amore aerugine illud liberarem, cistula hac reconderem, et in vetustatis testimonium manum meam subducerem, quod factum est Bebenhusi, anno salutis 1606 12 octobris

Joannes Stecher,
Abbas Bebenhusiani."[4]

In seinem Bericht bestätigt der evangelische Abt, daß er selbst am 5. Oktober 1606 den Pfeil gefunden habe. Er habe die Bedeutung seines Fundes erkannt und als „Altertumsliebhaber" die Pfeilspitze vom Rost befreit. Aus einem damals noch vorhandenen, beschädigten Schriftstück konnte der Abt die Herkunft der Reliquie bestimmen: Sie war dem Kloster im Jahre 1464 von Papst Pius II. geschenkt und bis zur Reformation als Sebastiansreliquie im Kloster Bebenhausen verehrt worden.

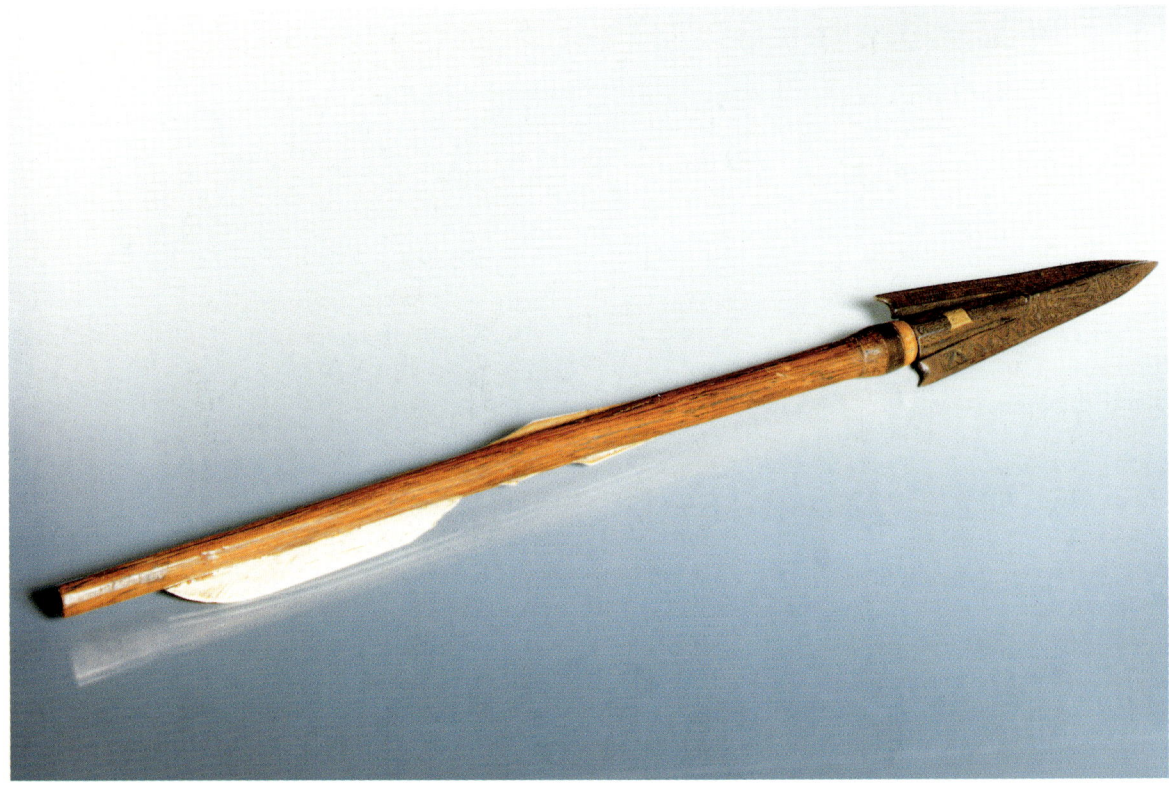

Abb. 2. Bebenhäuser Sebastianspfeil, Pfarrkirche St. Martin, Hirrlingen.

Beim Bebenhäuser Sebastianspfeil handelt es sich jedoch keineswegs um eine spätantike Waffe - nach der Vita des heiligen Sebastian soll dieser im dritten nachchristlichen Jahrhundert den Märtyrertod erlitten haben -, sondern vielmehr um einen spätmittelalterlichen Armbrustpfeil mit einer verzierten Spitze aus Eisen.

Der Prunkpfeil eines böhmischen Armbrustschützen

Man kennt heute weltweit 27 derartige Armbrustpfeilspitzen, die aufgrund ihrer Größe und Dekoration vergleichbar sind und in Museen zwischen New York und Budapest aufbewahrt werden.[5] Sie alle sind, wie wir durch Helmut Nickels grundlegende Untersuchungen wissen, in Böhmen in der zweiten Hälfte des 14. Jahrhunderts und der ersten Hälfte des 15. Jahrhunderts als Würde- oder Rangabzeichen für Schützenhauptleute gefertigt worden.[6]

Nur der Bebenhäuser Pfeil besitzt - neben einem weiteren Exemplar aus Innsbruck - noch den originalen Holzschaft, zu dessen Befiederung auf beiden Seiten je ein Knochenplättchen angebracht war. Eines davon ist zwar gesprungen, aber komplett erhalten, das zweite ist fast völlig weggebrochen. Der Verlust ist schon im 17. Jahrhundert vermerkt worden; es ist also anzunehmen, daß der Armbrustpfeil bereits beschädigt ins Kloster Bebenhausen kam. Der Übergang zwischen Schaft und Tülle wird durch einen etwa 6 mm breiten dunklen Hornring und einen 5 mm breiten helleren Knochenring geziert. Die gesamte Länge von Eisenbolzen und Holzschaft beträgt 37,5 cm, die Pfeilspitze selbst ist 10,2 cm lang und entspricht im Maß den übrigen bekannten böhmischen Pfeilspitzen. Das Gewicht des Eisenbolzens beträgt 64 g.

Abb. 3. Armbrustpfeilspitze, 15. Jahrhundert, Bayerisches Nationalmuseum München.

spitzen, zu denen neben einem weiteren Exemplar in Budapest, die Bebenhäuser Pfeilspitze gehört. Die Form des Eisenbolzens verbreitet sich fortlaufend von der Spitze zur Tülle und endet in zwei Bartspitzen rechts und links der Tülle.

Die Form und die kunstvolle Verzierung der bekannten Pfeilspitzen führten zu der Vermutung, daß diese besonderen Bolzen als Würde- oder Rangabzeichen anzusehen sind, die zwar im Kampf mitgeführt wurden, aber nicht eingesetzt wurden; allenfalls bei der Jagd fanden sie Verwendung. Bestätigt wird diese Annahme durch den Fund mehrerer Pfeilspitzen in Ungarn, wo böhmische Armbrustschützen als gefragte Söldner im Kampf gegen die Türken beteiligt waren.

Charakteristisch für alle bekannten Armbrustpfeilspitzen sind Verzierungen zumindest einer Seite durch Eisenschnitt. Bei nur wenigen Exemplaren, wie auch bei der Bebenhäuser Spitze, sind beide Seiten des Bolzens und der Tülle verziert. Seltener finden sich auch vergoldete Stellen auf den Bolzenflächen wie bei unserem Exemplar, das auf beiden Seiten der Pfeilspitze je eine kleine feuervergoldete Fläche aufweist, in die die Buchstaben „y" und „v" eingraviert sind (Abb. 4 und 5).

Zur Dekoration der Bebenhäuser Armbrustpfeilspitze

Vorder- und Rückseite[7] der Pfeilspitze sind jeweils in vier Felder eingeteilt: zwei liegen oberhalb des Tüllenansatzes, durch die vertikale Mittelkante des Bolzens getrennt, zwei schmale Felder befinden sich auf dem rechten und linken Bart neben der Tülle. Die auffälligste Verzierung der Vorderseite ist ein großes Monogramm des Buchstabens „y" unter einer Lilienkrone im heraldisch linken Feld oberhalb der Tülle. Das Monogramm erscheint auch im Eisenschnitt und, wie schon erwähnt, auf einer kleinen vergoldeten Fläche auf der Tülle des Bolzens. Das rechte Feld oberhalb wie auch das linke Feld

Bei den bisher bekannten böhmischen Armbrustpfeilspitzen aus dieser Zeit sind zwei Typen zu unterscheiden. Der erste ist der Vierkantbolzen, der seine breiteste Stelle kurz nach der Spitze aufweist und sich bis zur Tülle wieder verjüngt, wie das Exemplar im Bayerischen Nationalmuseum München (Abb. 3). Mit der etwas breiter werdenden Tülle wurde der Bolzen auf den Schaft gesetzt. Seltener wurde die Pfeilspitze mit einem Dorn im Schaft befestigt. Zum zweiten Typ gehören die sogenannten bärtigen Pfeil-

Abb. 4 und 5. Bebenhäuser Pfeilspitze, Vorder- und Rückseite.

neben der Tülle sind mit einem Schuppenmotiv verziert. Auf dem rechten Feld neben der Tülle wie auf den Flächen der Tülle selbst läßt sich die stilisierte Form einer Feder erkennen.

Die Rückseite zeigt links ein Band mit einer Inschrift, das in zwei Dreiblättern endet. Das rechte Feld ist mit dem Motiv einer Blattranke geschmückt. Auf den unteren Flächen kehren die Verzierungen der Vorderseite, Feder- und Schuppenmuster, wieder. Auch die Rückseite trägt auf der Tüllenfläche zwei Monogramme: in dem vergoldeten Feld, wie auf der Vorderseite angeordnet, der Buchstabe „v", direkt darunter ein weiterer Buchstabe „d", in Eisenschnitt eingraviert.

Alle Motive, die zur Dekoration der Bebenhäuser Pfeilspitze verwendet wurden - Monogramm, Inschrift, Lilienkrone, Feder, florale Ranken und Schuppenmotiv - finden sich auch auf den übrigen bisher bekannten böhmischen Pfeilspitzen wieder. Nickel hat in seiner grundlegenden Untersuchung[8] den Formenschatz der Verzierungen aus verschiedenen Gattungen der Prager Hofkunst ableiten können. Dabei zog er Dekorationsformen auf den Schilden für Armbrustschützen, den sogenannten Pavesen[9] (Abb. 6), sowie Beispiele aus der Buchkunst der Zeit des kunstsinnigen König Wenzel (1373-1419) zum Vergleich heran. Auch die Deutung der Verzierung der Bebenhäuser Armbrustpfeilspitze war mit diesen Motiven möglich.

Die Lilienkrone stellt die Krone der böhmischen Könige dar, die als „Wenzelskrone" heute noch in der Kronkammer des Veitsdomes aufbewahrt wird. Sie ist eine Goldschmiedearbeit des 14. Jahrhunderts, ihre Form wurde von der direkten Vorgängerin, der Krone der späteren Przemyslidenzeit, abgeleitet.

Auch das Monogramm „v" läßt sich auf den Namen des Königs Wenzel in der tschechischen Form „Vaclav" beziehen.[10] Da die Pfeilspitze vor 1464, dem Datum der Schenkung, gefertigt wurde, ist denkbar, daß unser Armbrustpfeil in der Regierungszeit König Wen-

Abb. 6. Pavese, Komotau 1441, Metropolitan Museum of Art, New York. Fichtenholz mit Leder und Leinwand bezogen und bemalt, Mittelmotiv Buchstabe „Y", darüber Lilienkrone mit Straußenfedern.

Abb. 7. Armbrustpfeilspitze aus Böhmen, 1. Hälfte 15. Jahrhundert,
Metropolitan Museum of Art, New York.

zels 1373 bis 1419 entstanden ist und das Monogramm „v" auf den damals regierenden böhmischen König verweist.

Die Erklärung des darunter liegenden Buchstaben „d" ist nicht eindeutig.[10] Eine Ergänzung des Buchstabens „d" zu „Dominus" erscheint mir jedoch gerechtfertigt. Das auf der Vorderseite gleich dreifach auftretende Monogramm „y" ist nach Nickel als Anfangsbuchstabe von „Yhesus" zu deuten.[12] Größe und Gestaltung des Monogramms versinnbildlichen die Bedeutung des Namens, die dreifache Wiederholung erscheint wie eine Anrufung des Gottessohnes.

Neben den Monogrammen erscheinen auf den Armbrustpfeilspitzen ganze Inschriften, die auch auf Sporen oder Steigbügeln zu finden sind. Sie enthalten Anrufungsformeln Mariens, in alttschechischer Sprache verfaßt. In der strengen Schriftform der gotischen Minuskeln geschnitten, sind die Inschriften nur schwer zu entziffern.

Zur Inschrift auf der Bebenhäuser Pfeilspitze lassen sich die beiden Inschriften auf den Exemplaren in München (Abb. 3) und New York zum Vergleich heranziehen (Abb. 7).

Das New Yorker Exemplar trägt die Inschrift: „mamyla" [meine liebe] und „warvy/woka" [behüt dein Auge]; die Inschriften der Münchner Armbrustpfeilspitze lautet: „mamyla pan" [meine liebe Jungfrau] und „mamyla pany" [meine liebe Frau].[13] Dieselbe Devotionsformel „mamyla pany" [meine liebe Frau] ist in das Inschriftenfeld der Bebenhäuser Pfeilspitze eingraviert (Abb. 8).[14]

mmvio pany

Abb. 8. Inschrift der Bebenhäuser Pfeilspitze.

Aus der Sprache der Inschrift können wir einen Hinweis auf den Träger des Armbrustpfeiles erhalten. Möglicherweise wurde der Bebenhäuser Armbrustpfeil von einem Hussiten getragen, waren doch die Anhänger von

Huss bewußte Verfechter der tschechischen Nationalität und Sprache. Von besonderer Bedeutung ist in diesem Zusammenhang, daß einer der spätmittelalterlichen böhmischen Armbrustpfeilspitzen in Ungarn als sogenannter „Hussiten-Pfeil" aufbewahrt wird.[15] Das Motiv der Straußenfeder findet sich auf zahlreichen Pfeilspitzen und Pavesen. Sie sind sowohl in Kombination mit einer Krone, als auch mit einem Buchstaben zu finden. Nickel hat mit Recht darauf verwiesen, daß Straußenfedern als königliche Symbole schon in den illuminierten Handschriften aus der Zeit König Wenzels häufig als alleiniger Kopfschmuck der dargestellten Personen auftreten.[16] Auch die Bebenhäuser Pfeilspitze zeigt auf Vorder- und Rückseite je eine stilisierte Straußenfeder.

Die verbleibenden Felder sind schließlich mit einem abstrahierten Schuppenmuster geziert, das sich in verschiedenster Anordnung auf vielen Pfeilspitzen (New York, Wien, München, Budapest), auf Pavesen wie auch auf einem Paar Sporen (Wien) findet.[17] Als Dekorationsmotiv finden sich diese auch als Hintergrund in Miniaturen, die am böhmischen Hof in der Zeit Wenzels IV. (1376-1419) entstanden sind. Helmut Nickel schlägt eine Ableitung des Motivs vom Gefieder des Eisvogels, des persönlichen Symbols Wenzels IV. vor.[18] Möglicherweise ist das Schuppenmotiv aber lediglich von den Kettenhemden oder Schuppenpanzern abgenommen, die von den Armbrustschützen selbst getragen wurden.

Die Schenkung Papst Pius' II.

Sind Herkunft und Dekoration des Bebenhäuser Sebastianpfeils befriedigend zu entschlüsseln, bleibt die Schenkungsabsicht nach wie vor rätselhaft. Daß der Pfeil dem Kloster in Süddeutschland bereits als Sebastiansreliquie übersandt wurde, ist kaum anzunehmen. Zum einen läßt sich eine solche Schenkung aus den päpstlichen Regesten nicht belegen,[19] zum anderen sprechen die Persönlichkeit Pius' II. und das zeitgleiche

Alter des Objektes selbst dagegen. Weshalb Pius II. dem Kloster in Bebenhausen gerade eine Prunkpfeilspitze aus Böhmen zuteil werden ließ, läßt sich durch einen Blick auf die historische Situation Böhmens in der ersten Hälfte des 15. Jahrhunderts und auf die Persönlichkeit des Schenkers erläutern.

Das Land Böhmen war in dieser Zeit gezeichnet durch den Religionskrieg mit den Hussiten, die plündernd durchs Land zogen und sich untereinander wiederum als gemäßigte Utraquisten und radikale Taboriten bekämpften. Kirchen und Klöster wurden von den Hussiten zerstört; besonders die Zisterzienser hatten unter den Kriegszügen der Hussiten zu leiden.[20] An den Versuchen des päpstlichen Stuhles, die Einheit mit der römischen Kirche wiederherzustellen, waren bereits die Päpste Eugen IV. und Calixt V. gescheitert. Auf dem Konstanzer Konzil war Johannes Huss 1415 trotz Versicherung des freien Geleits auf dem Scheiterhaufen verbrannt worden. Eine gewisse Duldung ihrer Kommunion in beiderlei Gestalt hatten die Hussiten auf dem Basler Konzil 1431 erfahren dürfen. Schließlich sollte Papst Pius II. im Jahre 1464 endgültig den Hussitismus verdammen und in einer päpstlichen Bulle vom böhmischen König Georg Podiebrad die vollkommene Oboedienz einklagen. Nur durch den Tod des Papstes wurde die Ausfertigung der Zitationsbulle verhindert.[21]

Pius II. hatte vor seiner Wahl zum Papst im Jahr 1458 als Aeneas Silvius Piccolomini bereits viele politische und kirchenpolitische Aufgaben mit großem Erfolg bestanden.[22] Innerhalb der katholischen Kirche war er zunächst als Vertreter des Konziliarismus geschätzt gewesen. Als Sekretär des Gegenpapstes Felix V. nahm er am Basler Konzil teil und wurde 1442 zum Frankfurter Reichstag berufen. Dort krönte ihn der deutsche Kaiser Friedrich III. zum Dichter und machte ihn zum Sekretär der kaiserlichen Kanzlei. Piccolominis zahlreiche Schriften zeugen von einer hohen humanistischen Bildung. Erst 1445 wurde er zum Priester geweiht und vollzog eine völlige Abkehr von seinem bisherigen Leben.

Die auf vielen Reisen durch das Deutsche Reich, Österreich und Böhmen gewonnenen Kenntnisse legte Piccolomini in seinen „Opera geographica et historica" nieder. Eine von ihm verfaßte Böhmische Chronik[23] zeugt von seinem tiefen Interesse, seiner Kenntnis und Achtung für das Land und die Kirche Böhmens. Der Bischof von Olmütz zitiert eine Aussage Piccolominis: „... ich glaube, daß kein Reich in unserem Zeitalter, in ganz Europa, so ehrwürdige, geschmückte und reich ausgestattete und viel besuchte Kirchen hat wie Böhmen."[24]

Als päpstlicher Legat war Piccolomini 1451 nach Böhmen gesandt worden und hatte zweimal in der hussitischen Stadt Tabor Station gemacht. Hier wurde seine tiefe Abscheu gegenüber den Ketzern endgültig manifest und der Kampf gegen die Häretiker in Böhmen zum erklärten Ziel.[25] Sein zweites großes Ziel, sich als Papst selbst an die Spitze eines Kreuzzugs gegen die Türken zu setzen, für das er in Italien und Deutschland warb, konnte er durch seinen plötzlichen Tod nicht mehr erreichen.

Aeneas Silvius Piccolomini, der spätere Papst Pius II., humanistisch gebildet und gläubiger Christ, sollte eine zeitgenössische Waffe aus Böhmen den Zisterziensermönchen in Bebenhausen als Sebastiansreliquie geschenkt haben? Aufgrund seiner persönlichen Kenntnisse der böhmischen Lande waren Pius II. die böhmischen Armbrustschützen und deren Waffen durchaus vertraut. In seiner böhmischen Geschichte, 1458 verfaßt, geht er ausführlich auf die Kriegskunst der Hussiten ein. Hier ist der Schlüssel für die päpstliche Schenkung zu suchen. Möglicherweise hatte Piccolomini selbst diesen Armbrustpfeil bei seinem Aufenthalt in Böhmen überreicht bekommen, als Siegeszeichen, wenn wir davonausgehen, daß der Pfeil von einem Hussiten getragen worden war.

Damit ließe sich die Provenienz der Bebenhäuser Sebastiansreliquie nachvollziehen:

O du sälizer Sebastian wie groß ist dein glaub Bit für mich
deinem diener Vnsern herrn ihm xpm das ich voz dem übel
des gebrechens der pestilencz behüet werde Bitt für vns du hayliger
Sebastian das wir der glübde vnsers hertzen wirdig werden
Almächtiger ewiger got der du durch das verdiene vnd gebet
des haylige marters sant Sebastians voz dem gemaine gebet
ten der pestilentz die mensche gnädidichen behüetent bist Verlihe alle
die die bitten oder dis gebet bei im tragen oder andächtigkliche spreche
in Des die selbige voz der gebreste behüet werden vnd durch getruen
des silben hayligen vns voz aller betrübnuß vn engsten loybs vnd
der sele erledigt werden Amen

Abb. 9. Heiliger Sebastian, Holzschnitt 1437, Germanisches Nationalmuseum Nürnberg.

Ein zeitgenössischer Armbrustpfeil, einem Hussiten im Kampf abgenommen, als Siegeszeichen dem päpstlichen Legaten in Böhmen überreicht, als Trophäe geschätzt und als eine Art Sühnezeichen gerade an Zisterzienser weitergegeben, die unter den Übergriffen der Hussiten besonders zu leiden hatten.

Der heilige Sebastian - Schutzpatron gegen die Pest

Noch unbeantwortet ist die Frage, warum die böhmische Waffe von den Bebenhäuser Mönchen als Sebastiansreliquie verehrt wurde. Der heilige Sebastian gehört nicht zu den Ordensheiligen des Zisterzienserordens, eine besondere Verehrung ist auch im Kloster Bebenhausen nicht zu erwarten und ein Sebastiansaltar dort nicht nachzuweisen. Der Heilige galt im Mittelalter aber als der wichtigste Schutzpatron gegen die Pest. Im Zusammenhang mit einer Pestepidemie scheint eine Umwidmung eines im Kloster vorhanden Armbrustpfeiles zu einer Sebastiansreliquie durchaus denkbar.
1482/83, etwa zwanzig Jahre nach der Schenkung Pius II., ist für Tübingen eine große Pestwelle belegt.[26] In den Chroniken ist zu lesen, daß mehr als 1300 Personen an der Krankheit starben und die Universität zeitweilig aus der Stadt verlegt werden mußte.
Daß diese Pestepidemie auch das Kloster Bebenhausen betroffen haben muß, läßt sich aus den Sterbedaten dreier Mönche schließen. Am 8. September 1482 stirbt ein Mönch,[27] kurz danach am 2. Oktober zwei weitere.[28] In einem Brief vom 3. Oktober beklagt der Bebenhäuser Mönch Michael Sindelfinger (Textoris) den Tod seiner Mitbrüder. In Zeiten der Pestepidemien wurde überall der heilige Sebastian als Schutzpatron gegen die Krankheit besonders innig verehrt. Im Besitz einer Reliquie des Pestheiligen mochten sich die Zisterziensermönche vor den Toren der Stadt Tübingen einen besonderen Schutz vor der Epidemie erhoffen. Einen im Kloster aber bereits vorhandenen

Abb. 10. Heiliger Sebastian, Tafelbild 1480/90, Kloster Lichtenthal.

Armbrustpfeil als Sebastianspfeil zu verehren, erscheint nur aus moderner Sicht ungewöhnlich, läßt sich aber mit der im Mittelalter „überwältigenden Fähigkeit, heilige Geschichte in Kleid, Stadt und Gewohnheit der eigenen Gegenwart zu versetzen"[29] sehr wohl erklären.
Daß mittelalterliche Armbrustpfeile im 15. Jahrhundert als Marterwerkzeuge des Pestheiligen angesehen wurden, belegen Holzschnitte aus dieser Zeit (Abb. 9) und ein kleines Tafelbild aus dem Zisterzienserinnenkloster Lichtenthal, das in den Jahren der großen Pestepidemie in Süddeutschland entstanden ist (Abb. 10).
Gerade in dieser Zeit wird im Kloster Bebenhausen der Kreuzgang neu errichtet. In seinem Gewölbe finden wir in einer bildlichen Darstellung einen eindrucksvollen Hinweis

Abb. 11. Schlußstein im Kreuzgang des Klosters Bebenhausen.

für die besondere Verehrung, die der Pestheilige im Kloster erfuhr. Ein Schlußstein im Nordflügel, dem Lesegang, in dem die Mönche allabendlich zu Lesungen zusammenkamen, trägt eine Sebastiansfigur (Abb. 11). Sie findet sich in einer Reihe mit den Propheten des Alten Testamentes, dem heiligen Petrus, Christus und, direkt benachbart, einer Muttergottesfigur. Mit dieser Darstellung hat der Pestheilige einen hervorgehobenen Platz im Kloster Bebenhausen erhalten. Sie ist sowohl historisches Dokument als auch Zeugnis einer lebendigen Heiligenverehrung durch die Mönche. Ohne Zweifel ist sie in direktem Zusammenhang mit dem als Reliquie adaptierten Armbrustpfeil zu sehen.

In diesem Sinne ist auch ein Fresko an der nördlichen Chorwand der Kirche neu zu deuten, das erst Mitte des letzten Jahrhunderts

aufgedeckt wurde und heute nurmehr teilweise erhalten ist. Deutlich ist die thronende Gestalt Gott Vaters zu sehen, der in seiner erhobenen rechten Hand einen Pestpfeil hält. Nach einer Beschreibung aus dem letzten Jahrhundert war unterhalb des Thrones die Gestalt der Muttergottes auszumachen, die mit ausgebreitetem Mantel eine Gruppe von knienden Mönchen und Nonnen vor den Pestpfeilen schützt.[30]

Daneben war eine unbekleidete männliche Halbfigur zu erkennen, „das Haupt und einen Arm wie fürbittend gen Himmel erhoben."[31] Schon nach der Freilegung des Freskos war nicht eindeutig zu klären, ob es sich bei dieser Figur um eine Sebastiansdarstellung handelte.[32] Im ikonographischen Gesamtzusammenhang des Freskos ist eine Interpretation der männlichen Figur als heiliger Sebastian nunmehr schlüssig. Seine Datierung in die zweite Hälfte des 15. Jahrhunderts ist aufgrund stilistischer Merkmale gerechtfertigt. Das Fresko im Chor der Kirche ist somit als ein weiteres Dokument für die herausragende Verehrung des Pestheiligen durch die Bebenhäuser Mönche im ausgehenden 15. Jahrhundert zu sehen.

Reliquie, Schlußstein und Fresko sind Zeugen inbrünstiger Bitten der Mönche an den Schutzpatron. Daß die Zisterzienser in Bebenhausen aber auch der alltäglichen Pestvorsorge Aufmerksamkeit schenkten, können wir einer Handschrift entnehmen, die zwischen 1472 und 1500 im Kloster selbst geschrieben wurde.[33] Dort findet sich eine Abschrift des Pestregimen oder Pestgedichtes von Hans Andree, das in der zweiten Hälfte des 14. Jahrhunderts im alemannischen Raum entstand und während der Pestepidemien weite Verbreitung fand.[34] In gereimter Form sind darin mit diätischen Vorschriften und genauesten Anweisungen für die tägliche Lebensführung Maßnahmen zur Pestprophylaxe niedergelegt. Dieses Gedicht wurde von einem Bebenhäuser Mönch in der Absicht abgeschrieben, daß die Vorschriften auch in seinem Kloster Beachtung finden sollten.[35]

Conntra pestilenciam medicina optima.
Vil menschen wären der pestilenntz fry,
Wästen sy darfür ain rechte ertzny.
Darumb han ich mich hie vermessen,
Ich wöll miner gesellen nitt vergessen.
Ich wöll sy von den biechern lassen heren,
Wie sie sich vor dem gebrechen süllen erneren.
Darumb so here, was ich dir sagen will,
Wann also sterben ist ain kurtzes zil.
Des ersten halt den raüt, den ich meyn
Wann der dünckt mich sicher nitt klein,
Das man in diser sach ernstlich sol
Anriefen gott, das hilfft sicherlich wol.
Sannt Sebastians ouch nitt vergisß,
Wann sin helfen ist gar gewisß.
Das mainen alle maister wiß
Die da sind uff der schul zu Pariß.
Darnauch hab din selbs acht,
Es sy frü, spaut oder nacht.
Mid den luft von meridian und occident,
Enpfach in von septentrion unnd orient.
Mit weckholder ber[36] unnd wiroch[37] spreng
din glut,
Vor besem nebligen luft du dich behut.
Mit sevenbom[38] und weckholder mach din für,
Das ist der zyt in dinem huß gehúr.
Mit essich wäsch hend, mund und angesicht,
Schlind sin ain wenig, des vergiß nicht.
Du solt hunger und durst nicht liden,
Uberige fúlle solt du ouch miden,
Undawige kost soltu lassen,
Vor vil trincken soltu dich ouch maussen.
Gebrauten flaisch ist besser dann gesotten,
Das schwinin sy dir gantz verbotten.
Du solt mischen den starcken win,
Das sechst tail sol wasser sin.
Du solt nitt mer schlauffen dann wachen.
Hiet dich vor dem in der pfannen gebachen.
Ist es an dir nitt ain gewonheit alt,
So flúch den schlauff im tag mitt gewalt.
Linsin mitt essich wol gesotten
Sind dir von den maistern nitt verbotten.
Aber wiltu dich selbs nitt in schaden geben,
So hiet dich von unkúnschen leben.
Du solt ouch badsthuben miden.
In ainem zuber ist schwitzen ze liden.
Fluch truren, zorn und unmut.

Nuß und ruten sind niechteren gut.
Biß in dinem mut zemauß frölich,
Das bevilch ich dir sonnderlich.
Du solt ouch nit zu vil froden han,
Wann das hertz wurt zu vast uff getan.
Du solt dich halten in solicher maußen
Und solt alle monat ainist aderlaußen.
Nauch der wisen artzet lere
Von hitzigen dingen du dich kere.
Noch mer ich dir sag und bedúte:
Nim alle wochen pullulas vite.
Sybne oder núne du zunacht schlick.
Zwar, sie sind dir ain gut gelick.
Das lert dich Rasis[39] der maister groß,
Dem doch kain artzat ist genoß.
Alle tag schlick ain púllin zumorgen.
Sie ist gut und bringt dich uß sorgen.
Ouch thiriaca[40] als ain haselnuß genossen
Under dem win, ist gut uß der maußen.
Es sterckt das hertz unmaußen vast.
Gift mag by im sin nicht ain gast.
Bolus armenus[41] ist niechter mit essich gut,
Und terrasigillata[42] erfrowen sicher das blut.
Unnd wann du pullulas haust genommen,
So soltu nicht zu tiriaca komen.
Sonnder diß mid biß an den anderren tag
Und verstaund, waß ich dir sag:
Noch ain maister dir ain raut git:
Flúch verr darvon und tue das betzit.
Fliechen ist gar ain sicher ding,
Und haltend doch etlich das gar gering.
Flúch die siechen unnd ouch die statt,
Sinen rock, sin gwannd unnd was er haut.
Du solt ouch alle zitt ethwas beginnen
Zetund mitt lib unnd ouch mitt sinnen,
Emsig sin mitt frod im huß,
Frúe und spaut in frideß cluß.
Es ist uß dermaußen vast gut,
Wär darinne ist mit frölichem mut.
Das haut maister Hanns Tornamyra[43] gelert,
Desselben kunst vil menschen ernert
Unnd maister Bernnhart Gordonius[44] genant,
Deß lere man pfligt durch alle lannd
Unnd ouch annder maister vil,
Der ich yetz [nicht] nennen wil.
Nun helff unns allen uß diser nott,
Der durch unns haut gelitten den tod. Amen.

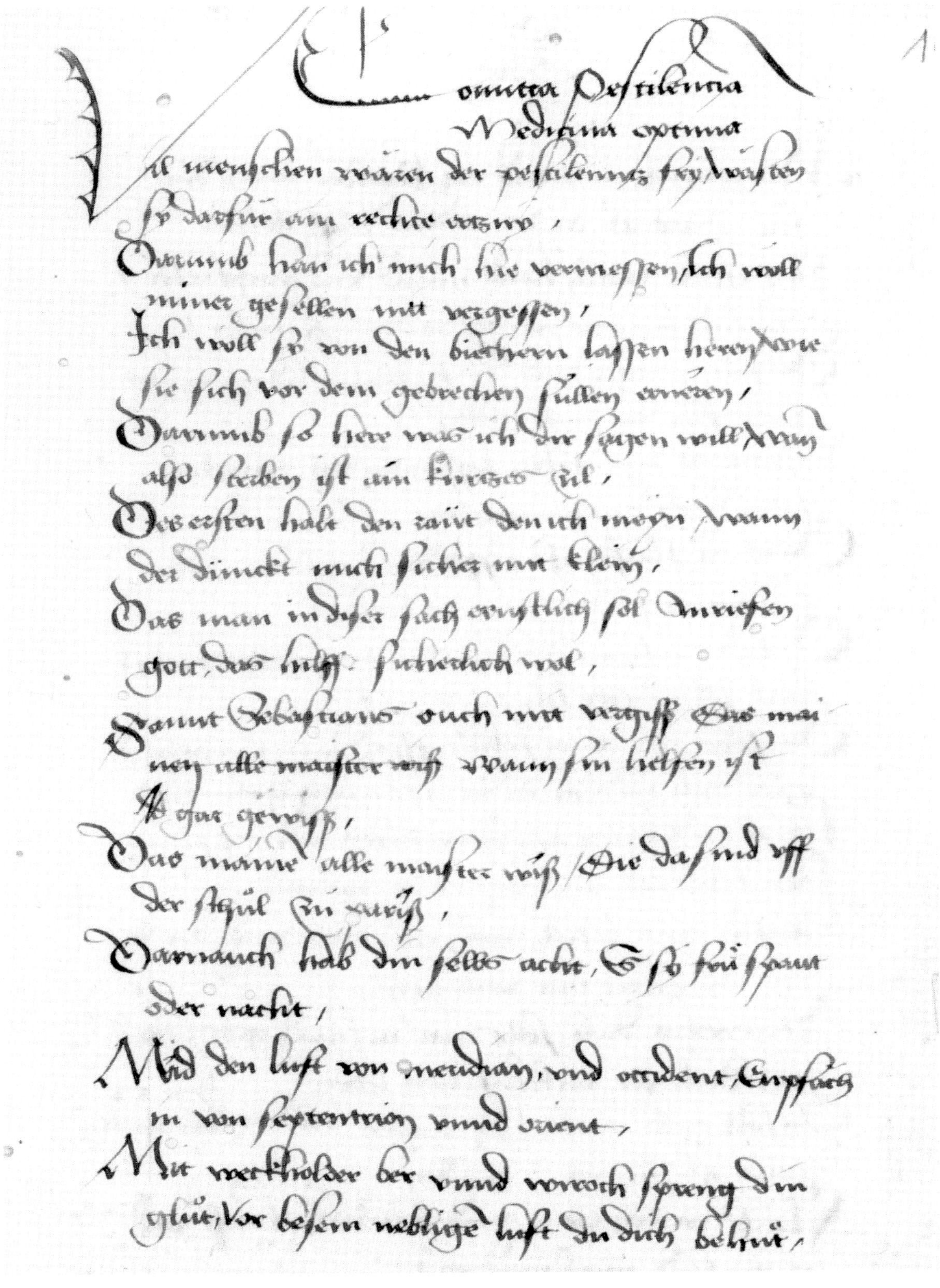

omnia Pestilencia
Medicina optima

[handschriftlicher Text, Pestgedicht]

Abb. 12. Pestgedicht des Hans Andree.

Die Bebenhäuser Sebastiansreliquie nach der Reformation

In den Wirren der Reformationsjahre war der Sebastianspfeil von den Mönchen im Kloster zurückgelassen worden und in Vergessenheit geraten, bis der evangelische Abt Johannes Stecher die Reliquie im Jahre 1606 wieder auffand.

Dieser Abt, dem Zeitgenossen höchste „oeconomia ratio et administratio" bescheinigten, hatte die Bedeutung seines Fundes erkannt und erwog den Verkauf der Reliquie. Für den stolzen Preis von 500 Gulden erwarb der katholische Adelige Adam von Ow in Hirrlingen und Sterneck, in der Nachbarschaft des katholischen Rottenburgs, die Reliquie aus Bebenhausen und erhielt dazu das handschriftliche Attest des Abtes.[45]

Dieser Vorgang und die Höhe der Verkaufssumme haben noch hundert Jahre nach dem Verkauf ungläubiges Erstaunen ausgelöst. Der ritterschaftliche Konsulent D. Schickhardt, der im Jahr 1725 eine Abschrift des Berichtes des Abtes fertigte, notiert darauf: „Es ist nicht zu glauben, daß der tapfere Abbt Johannes Stecher so geldgierig solle gewesen seyn, daß Er denen Papisten diesen Pfeil um 500 Gulden verkaufft, wie die Papisten vorgeben, und noch dazu dieses attestatum zu Vermehrung der mit diesem Pfeil treibend Abgötterey solte ertheilt haben."

Adam von Ow war nicht nur ein vermögender Mann, sondern auch ein eifriger und freigiebiger Katholik. Kurze Zeit nach dem Erwerb der Bebenhäuser Reliquie steurte er für den Bau des Kapuzinerklosters in Rottenburg 600 Gulden bei.[46] Sein Sohn Johann Friedrich von Ow ließ sich im Jahre 1660 auf der Bebenhäuser Urkunde den rechtmäßigen Besitz des Pfeiles durch den kaiserlichen Notar Joachim Ripp bestätigen. Er plante, eine Kapelle beim Friedhof außerhalb von Hirrlingen als Familiengrablege und „zur Verehrung des Sebastianspfeiles" bauen zu lassen.[47] Noch vor Fertigstellung der Kapelle starb Johann Friedrich von Ow am 8. Oktober

1669. Er wurde in der Pfarrkirche in Hirrlingen beigesetzt. 1670 wurde der Bau der Kapelle durch eine Sammlung des Hirrlinger Pfarrers Johann Abbt vorangetrieben und war 1674 vollendet.

Vor seinem Tod muß Johann Friedrich von Ow das große Tafelbild für einen dem heiligen Sebastian und dem Erzengel Michael geweihten Altar in Auftrag gegeben haben, das noch heute in der Hirrlinger Friedhofskapelle aufbewahrt wird (Abb. 13). Es ist eines von zahlreichen Beispielen dafür, daß durch einen am Ort vorhandenen, verehrten Gegenstand die Vorstellungen und dadurch die Bilder geprägt wurden.[48]

Ein unbekannter Maler hat mit diesem Bild eine unübliche Darstellung des Pestheiligen geschaffen. Auf einer Wolkenbank kniet der heilige Sebastian vor der Mutter Gottes mit dem Christuskind auf dem Schoß, antikisierend als römischer Legionär mit Schuppen-

Abb. 13. Heiliger Sebastian und Erzengel Michael, Tafelbild 2. Hälfte 17. Jahrhundert, Hirrlingen Friedhofskapelle.

panzer und Schild dargestellt und durch den Nimbus als Heiliger ausgewiesen.[49] Unter dem Brustpanzer trägt er eine rote Tunika und weite weiße Ärmel, die von Löwenfratzen an den Schultern zusammengerafft werden. Am Brustpanzer ist der römische Löwenkopf bereits durch ein Engelsköpfchen mit Flügelpaar ersetzt, ein Hinweis auf das Bekenntnis des römischen Offiziers zum christlichen Glauben. An den Füßen trägt er die charakteristischen römischen Sandalen.

Vom Christuskind und der Mutter Gottes erhält der Heilige sein Marterwerkzeug in der Form des Bebenhäuser Armbrustpfeiles, den der Künstler genau in die Bildmitte gesetzt hat. Über dem Heiligen schwebt der Erzengel Michael,[50] sein Blick ruht auf Sebastian und seine Rechte führt dessen Hand dem Marterwerkzeug zu. In der Linken trägt der Erzengel sein klassisches Attribut, die Seelenwaage. Sichtbar ist nur eine Schale mit der kleinen Figur der animula, der Seele wohl des Auftraggebers, der sich zwei kleine Teufelsfiguren vergeblich zu bemächtigen suchen.

Monogramm und Wappen des Schildes, auf den sich der Heilige stützt, nennen den Auftraggeber: I.F.V.O.Z.H.U.S.I., Johann Friedrich von Ow zu Hirrlingen und Sterneck I., der Sohn Adams von Ow, der die Reliquie vom Bebenhäuser Abt erworben hatte.

Im Jahr 1674 erhielt das Hirrlinger Tafelbild eine nachträgliche Inschrift: „Carmelita me sepit ad instantiam admod. R. D. Jois Abbt 1674" („Ein Karmeliter hat mich bewahrt [umgebettet] in Gegenwart [während der Amtszeit] des Rev. Dom. Johannes Abbt 1674"). Johannes Abbt war von 1664 bis 1702 Pfarrer in Hirrlingen.[51] Die Inschrift bezieht sich auf die zweite Beisetzung des Auftraggebers, der nach der Fertigstellung der Kapelle im Jahre 1674 dorthin umgebettet wurde, dessen Epitaph aber - wie die Bebenhäuser Reliquie - in der Hirrlinger Pfarrkirche verblieb. Die Kapelle beim Friedhof wurde ihrer Funktion entsprechend dem Erzengel Michael geweiht.

Im Jahr 1700 wurde in Hirrlingen eine Sebastiansbruderschaft gegründet. Sie war „zu dem hier gegenwärtigen Pfeil erwachsen", wie der noch amtierende Pfarrer Johannes Abbt in seinem für die Bruderschaft 1701 verfaßten Gebetbüchlein „Geistliche Apotheke" schreibt. In der Vorrede betont er die Echtheit des Pfeiles, der „aus authentischem Zeugnis beständig für einen derjenigen gehalten wird, mit welchem der heilige Sebastian Anno 28 unter Kayser Diocletiano gemartert und mit solchen also beschossen worden, daß er wegen viele derselben, mehr als einem Igel als einem Menschen zu vergleichen." Weiter zitiert der Pfarrer das Zertifikat des Bebenhäuser Abts und berichtet von der Verehrung der Reliquie und ihrem Schutz für die Hirrlinger: „bey einfallender Sucht ... wurde wöchentlich alle Donnerstag Wein benediziert, der Pfeil darin gedunckt und zu trinken gegeben mit solchem Effect und Wirkung, daß obgleich um ihn sehr viel, allhier aber gar wenig ... an der leidigen Sucht gestorben ... man habe sich gänzlich von dieser Sucht versichert gehalten, durch die unfehlbare Fürbitte des heiligen Sebastian wegen der Andacht zu seinem Pfeil, die immer mehr zugenommen."[52]

Nach einer Owschen Familienteilung sollte die Sebastiansreliquie in der Kirche von Hirrlingen aufbewahrt werden, solange der Ort katholisch bliebe. Das ist bis heute der Fall - und bis heute wird der Bebenhäuser Sebastianspfeil in der dortigen Pfarrkirche von den Gläubigen verehrt. Am 20. Januar, dem Tag des heiligen Sebastian wird er den Gläubigen gezeigt, aufgesetzt auf ein silbernes Armreliquiar, das noch von dem Käufer der Reliquie, Adam von Ow, und seiner Ehefrau Veronika von Rechberg in Auftrag gegeben worden war.[53] Die Hirrlinger Ortsgeschichte berichtet von dem bis ins 19. Jahrhundert üblichen Brauch, die Pfeilspitze am Sebastianstag in Wein zu tauchen,[54] welcher anschließend, an die von weither gekommenen Kranken verteilt, wunderbare Heilungen bewirkt haben soll.[55]

Der Bebenhäuser Sebastianspfeil, ein aus Böhmen stammendes Würdezeichen eines Armbrustschützen, möglicherweise von einem Hussiten getragen, von Papst Pius II. dem Kloster in Bebenhausen als ein Siegeszeichen geschenkt und von den Zisterziensern dort als Sebastiansreliquie verehrt, fand durch die Geschäftstüchtigkeit eines evangelischen Abtes des Klosters im 17. Jahrhundert in dem kleinen Ort Hirrlingen bis zum heutigen Tage eine neue Stätte seiner Verehrung durch katholische Gläubige. Deren Wertschätzung des kostbaren Stücks verdanken wir die Erhaltung der einzigen Reliquie, die zu Zeiten der Zisterzienser im Kloster Bebenhausen verehrt wurde. Und bis heute wird ihm diese Verehrung zuteil, völlig unabhängig von der Frage der tatsächlichen Herkunft dieser spätmittelalterlichen Waffe. Schließlich hat die katholische Kirche stets das weise Dogma vertreten, daß echte Andacht und echter Glaube niemals verloren sind, auch wenn sie unechten Reliquien gelten.

Anmerkungen

1 Gmelin, Wilhelm, Collectanea Bebenhusana, Hz. Aug. Bibl. Wolfenbüttel, Cod.Guelf. 134.
2 Inventarium aller des gottshaus Bäris Clinodien und anderer Fahrnis, Tiroler Landesarchiv Innsbruck, B 38/1.
3 Originalurkunde im Pfarrarchiv Hirrlingen; eine Abschrift aus dem Jahr 1725 mit Ergänzungen befindet sich im Hauptstaatsarchiv Stuttgart, A 474, Bü 30a.
4 Zitiert nach der Urkunde im Pfarrarchiv Hirrlingen.
5 Acht Exemplare werden in Museen in Ungarn aufbewahrt, acht Exemplare in Museen in Tschechien, je ein Exemplar Privatsammlung, Burg Kreuzenstein, Kunsthistorisches Museum Wien, Bayer. Nationalmuseum München, Tiroler Landesmuseum Innsbruck, Tower of London, Heeresmuseum Istanbul, drei Exemplare im Metropolitan Museum of Art New York; ein weiteres Exemplar ist verschollen. Neuerdings ein weiteres Exemplar Tower London und Musée de l'Art Décoratif Paris.
6 Kalmar 1937/39, S. 218-221. Anläßlich der Erwerbung einer Armbrustpfeilspitze durch das Metropolitan Museum New York entstand die grundlegende Untersuchung von Nickel 1968, S. 61-93; bereits mit Ergänzungen Nickel 1969, S. 102-163, sowie Nickel 1971, S. 179-181. Zum jüngsten Ankauf des Metropolitan Museums Nickel 1989, S. 23. Für freundliche Unterstützung danke ich Helmut Nikkel, ehem. Metropolitan Museum New York.
7 Als Vorderseite wird die Seite mit dem großen und kleinen Monogramm „Y" und als Rückseite die Seite mit der Inschrift und dem kleinen Monogramm „v" bezeichnet.
8 Nickel 1968, S. 61-93.
9 Die Schutzschilde wurden in der böhmischen Stadt Komotau hergestellt und sind mit vergleichbaren Motiven verziert.
10 Für weitere Bestätigung danke ich Dr. Maria Vilcek, Metropolitan Museum New York.
11 Fraglich erscheint die Deutung Nickels, 1968, S. 75, als gotische Form des römischen „D" für die Zahl 500. Nickel schließt daraus, daß derart verzierte Pfeilspitzen von einem Hauptmann über 500 Armbrustschützen getragen wurden.
12 Er leitet sie von einem entsprechenden Monogramm auf einer Pavese ab, die in Komotau entstand, im Jahr 1441 von der Stadt Zwickau erworben wurde und sich heute im Metropolitan Museum befindet.
13 Nickel 1968, S. 63 und S. 65.
14 Für freundliche Unterstützung danke ich Dr. Vladimir Hlavacek, Karlsuniversität Prag.
15 Nickel 1969, S. 112.
16 Nickel 1968, S. 87.
17 Nickel 1969, S. 120-125 und S. 144.
18 Nickel 1969, S. 151.
19 Nach freundlicher Auskunft von Prof. Dr. Brigide Schwarz, Deutsches Historisches Institut Rom, läßt sich aus dem Rep. Germ. Pius' II. die Schenkung nicht nachweisen.
20 Palacky 1845, Bd. 3, 2, S. 97.
21 Voigt 1863, S. 500.
22 Zum Lebensweg Piccolominis vor seiner Wahl zum Papst vgl. Pastor 1931, S. 346-357.
23 Aeneas S. Piccolomini verfaßte seine Böhmische Geschichte während eines Aufenthaltes in Viterbo im Jahr 1458. Vgl. dazu Palacky 1869, Neudruck 1969, S. 230-250.

24 Zitiert nach Jo. Dubravii Olomuzensis Episcopi, Historia Boiemica, Basel 1575, f. 226.

25 Kaminsky 1959, S. 281-300.

26 Crusius 1733, Bd. II. S. 118.

27 Sydow 1984, S. 280, Mönchsliste: Martin Vetter stirbt am 2. Oktober 1482, S. 281: Rudolf Wenck stirbt am 8. September 1482, S. 283: Trochtelfinger stirbt am 2. Oktober 1482, S.283.

28 Sydow 1984, S. 59, und HStA Stuttgart, A 474, Bü 10

29 Kroos 1985, S. 29.

30 Paulus 1886, S. 104.

31 So beschrieben von K.H. im Staatsanzeiger von Württemberg, 1. 7. 1875

32 Auch eine „Gegendarstellung" Tschernings im Staatsanzeiger vom 4. 7. 1875 ist nicht klar: „... es sind keine Pfeile zu sehen, nur Spuren roter Farbe an Haupt, Armen und Leib, wie Blutstropfen, für Pfeilwunden aber zu klein."

33 HStA Stuttgart, J1 Nr. 206.

34 Vgl. dazu Haage 1977.

35 Edition des Bebenhäuser Textzeugen in: Haage 1979, S. 392-406.

36 Wacholderbeeren.

37 Weihrauch.

38 Besonderer Wacholderstrauch, dessen junge Triebe zerrieben wurden.

39 Rhazes, arabischer Arzt (850-923/932).

40 Theriak, ein schon in der Antike bekanntes Heilmittel aus etwa 200 Bestandteilen.

41 Heilerde.

42 Ebenso eine Heilerde (Ton).

43 Johannes von Tornamira (ca. 1329-1395), Professor an der medizinischen Fakultät von Montpellier, zeitweilig päpstlicher Leibarzt.

44 Bernhard von Gordon (gest. 1305), Professor an der medizinischen Fakultät von Montpellier.

45 Den entsprechenden Zusatz enthält die Abschrift der Urkunde im HStA Stuttgart.

46 Schön 1910, S. 167; die zweite Ehefrau von Adam von Ow, Veronika von Rechberg, hatte 1605 eine Mitgift von 6000 Gulden mit in die Ehe gebracht.

47 Kurz 1951, S. 128.

48 Kroos 1985, S. 25-49.

49 Die Darstellung des heiligen Sebastian variierte vom frühen Mittelalter bis zur Neuzeit erheblich: vom jungen Römer zum mittelalterlichen Ritter bis zum kaum bekleideten Märtyrer in der weit verbreiteten Passionsszene, an einen Baum gefesselt, mit Pfeilen im Körper.Vgl. dazu LCI 1976, Bd. 8, S. 318.

50 Der Erzengel Michael geleitet die Seelen der Verstorbenen ins Paradies; er findet sich daher oft als Patron von Friedhofskapellen.

51 Während Abbts Amtszeit erhielt der Pfeil eine neue, mit rotem „sammeten bezogene und mit silber gezierte Capsel". Die Inschrift auf der Silberplakette enthält das Anagram des Jahres 1690.

52 Kurz 1951, S. 229f.

53 Das Armreliquiar trägt beider Wappen, muß also nach der Heirat im Jahr 1605 und dem Kauf der Reliquie im Jahr 1606 sowie vor dem Tod Adams von Ow im Jahr 1630 entstanden sein.

54 Kroos 1985 nennt zahlreiche Beispiele für den im Mittelalter weit verbreiteten Brauch, Wasser oder Wein, die durch Berührung mit einer Reliquie heilkräftig geworden waren, zur Heilung darzureichen.

55 Schön 1985, S. 166, erwähnt eine „Denkschrift über den hl. Pfeil, die Zeugnis von den durch den Genuß des Weines erfolgten wunderbaren Heilungen gab", die aber bereits 1882 nicht mehr erhalten war.

Abb. 14. Epitaph für Wendel von Hailfingen.
Öl auf Holz, um 1527.
Klosterkirche Bebenhausen.

Das Bild zeigt Wendel von Hailfingen, der vor dem auferstandenen Christus kniet. Über ihm schweben zwei Engel mit den Leidenswerkzeugen Christi.
Zwischen Wendel und Christus befindet sich das gestürzte Wappen der Hailfinger, das, so dargestellt, das Ende dieser Linie symbolisiert. Der Text verdeutlicht dies: „An(n)o d(omi)ni m°. v.ᶜxxvii. am vii tag Januarij. Starb der / Edel und Vest Wendel von Halfinge(n) zu Pfef= / fingen. der letst diß geschlechts. dem Gott / gnedig vnd bermherzig sey. Ame(n)."
Wendel von Hailfingen starb am 7. Januar 1527. Seine Frau Apollonia, eine Tochter der Margaretha von Bubenhofen, war neun Jahre zuvor gestorben. In zweiter Ehe war Wendel mit Dorothea von Ehingen verheiratet. Er hat dem Kloster für sein Totengedenken die große Summe von 1000 Gulden vermacht. Möglicherweise stiftete er auch die Kreuzigungsgruppe am Schreibturm, wie sein dort angebrachtes Wappen vermuten läßt.
Werner Fleischhauer vermutete, daß es sich bei dem Bild um eine Arbeit aus der Werkstatt des Meisters von Meßkirch handelt. *(S.K.)*

Totengedenken

Das Totengedenken, die „commemoratio", nahm einen bedeutenden Teil im monastischen Leben ein. Man sprach den Mönchen aufgrund ihres asketischen Lebens die stärkste Kraft im Gebet für das Seelenheil zu. Pfalzgraf Rudolf von Tübingen hatte bereits das Kloster als Grablege für sich und seine Familie bestimmt, um die Fürbitte der Mönche zu erlangen. Auch adelige Familien aus der Region ließen über Generationen ihre Mitglieder im Kloster bestatten. Zeugnis dafür sind zwei erhaltene gemalte Epitaphien (Gedenktafeln) der Familien von Bubenhofen (Abb. 15) und von Hailfingen (Abb. 14), die ursprünglich bei den Gräbern im Kreuzgang hingen.

Dem Totengedenken diente auch ein Anniversarbuch (Abb. 16), das in Form eines römischen Kalenders geführt wurde. Hier wurden die Namen der Verstorbenen eingetragen, an deren Jahrtag eine Totenmesse im Kloster gelesen wurde. Es war vom 13. bis zur Mitte des 15. Jahrhunderts in Bebenhausen in Gebrauch. Ein Pergamentblatt daraus mit dem Monat August auf der Vorder- und dem Monat September auf der Rückseite ist in einem Bucheinband erhalten geblieben und wird heute in der Universitätsbibliothek Tübingen aufbewahrt.

Abb. 15. Epitaph für die Familie der Ritter von Bubenhofen.
Meister von Meßkirch, vor 1523.
Mischtechnik auf Tannenholz.
Kassel, Staatliche Museen, Gemäldegalerie.

Im unteren Bildteil sind die Mitglieder der Familie von Bubenhofen dargestellt (von links nach rechts): Margarethe von Klingenberg, ihre Tochter Apollonia von Hailfingen, zwei Knaben (vermutlich Apollonias Söhne), Ritter Konrad von Bubenhofen (Gatte der Margarethe), die Söhne der beiden: Hans Conrad, Hans Heinrich, Veit und der Konstanzer Domdekan Matthäus von Bubenhofen. *(S.K.)*

Abb. 15. Epitaph für die Familie der Ritter von Bubenhofen.

Abb. 16. Anniversar des Klosters Bebenhausen, Monat September.

146

Literatur und Quellen

Actes du Congrès Anselme Dimier, Abbaye de Noirlac, Fouilles cisterciennes européennes, bilan nationaux, im Druck.

Peter Amelung: Incunabula Medica, Austellungskatalog, Stuttgart 1970.

Annales monasterii in Bebenhausen, hrsg. von Karl Pfaff, in: Württembergisches Jahrbuch Bd. 2, 1855, Stuttgart 1856, S. 172-196.

Johanna Autenrieth u.a. (Hrsg.): Die Handschriften der Württembergischen Landesbibliothek, 2. Reihe, 1. Bd., Wiesbaden 1968, und 1. Reihe, 3. Bd., Wiesbaden 1977.

Ernst Badstübner: Kirchen der Mönche. Die Baukunst der Reformorden im Mittelalter, Berlin 1981.

Rüdiger Becksmann: Deutsche Glasmalerei des Mittelalters. I: Voraussetzungen, Entwicklungen, Zusammenhänge, Berlin 1995.

Rüdiger Becksmann: Die architektonische Rahmung des hochgotischen Bildfensters. Untersuchungen zur oberrheinischen Glasmalerei von 1250 bis 1350 (Forschungen zur Geschichte der Kunst am Oberrhein IX/X), Berlin 1967.

Rüdiger Becksmann: Die mittelalterliche Farbverglasung der Oppenheimer Katharinenkirche. Zum Bestand und seiner Überlieferung, in: St. Katharinen zu Oppenheim. Lebendige Steine - Spiegel der Geschichte, hrsg. von Carlo Servatius, Heinrich Steitz und Friedrich Weber, Alzey 1989, S. 357-405.

Rüdiger Becksmann: Die mittelalterlichen Glasmalereien in Baden und der Pfalz ohne Freiburg i. Br. (CVMA Deutschland II, 1), Berlin 1979.

Rüdiger Becksmann: Die mittelalterlichen Glasmalereien in Schwaben von 1350 bis 1530 ohne Ulm, unter Mitwirkung von Fritz Herz (CVMA Deutschland I, 2), Berlin 1986.

Rüdiger Becksmann: Fensterstiftungen und Stifterbilder in der deutschen Glasmalerei des Mittelalters, in: Vitrea dedicata. Das Stifterbild in der deutschen Glasmalerei des Mittelalters, Berlin 1975, S. 65-85.

Ellen J. Beer, Die Glasmalereien der Schweiz aus dem 14. und 15. Jahrhundert ohne Königsfelden und Berner Münsterchor, Basel 1965.

Lottlisa Behling: Gestalt und Geschichte des Maßwerks (Die Gestalt. Abhandlungen zu einer allgemeinen Morphologie 16), Halle 1944, Neudruck, 2. Aufl. Köln/Wien 1978.

Paul Benoit / Denis Cailleaux: Moines et Metallurgie dans la France mediévale, Paris 1991.

Victor Beyer / Christiane Wild-Block / Fridtjof Zschokke: Les vitraux de la cathédrale Notre-Dame de Strasbourg (Corpus Vitrearum France IX, 1), Paris 1986.

Günther Binding u. a.: Das ehemalige Zisterzienserkloster Altenberg (9. Veröffentlichungen der Abteilung Architektur des Kunsthistorischen Instituts der Universität Köln), Köln 1975.

Günther Binding und Matthias Untermann: Kleine Kunstgeschichte der mittelalterlichen Ordensbaukunst in Deutschland, Darmstadt 1985.

Günther Binding: Maßwerk, Darmstadt 1989.

Hans Gerhard Brand, Hubert Krins, Siegwalt Schiek: Die Grabdenkmale im Kloster Bebenhausen. (Beiträge zur Tübinger Geschichte, Bd. 2), Stuttgart/Tübingen 1989.

Wolfgang Braunfels: Abendländische Klosterbaukunst, Köln 1969.

Joseph-Maria Canivez (Hrsg.): Statuta capitulorum generalium ordinis Cisterciensis ab anno 1116 ad annum 1786, Tom. 1-8, Leiden 1933-1941.

Philip S. C. Caston: Spätmittelalterliche Vierungstürme im deutschsprachigen Raum. Konstruktion und Baugeschichte, Petersberg 1997.

Die Cistercienser-Abtei Bebenhausen im Schönbuch, aufgenommen und beschrieben von Heinrich Leibnitz, 2. Supplement zu: Carl Alexander Heideloff (Hrsg.): Die Kunst des Mittelalters in Schwaben, Stuttgart 1858.

Karl Heinz Clasen: Deutsche Gewölbe der Spätgotik, Berlin 1958.

Martin Crusius: Annales Suevici sive Chronica Rerum Gestarum antiquissimae et inclytae Suevicae gentis, Frankfurt a. M. 1595.

Martin Crusius: Schwäbische Chronik, Bd. II, Frankfurt a. M. 1733.

Adalbert Deckert: Die Oberdeutsche Provinz der Karmeliten nach den Akten ihrer Kapitel von 1421-1529, Rom 1961.

Walter Drack: Überreste der Calefaktoriumheizung im Zisterzienserkloster Kappel am Albis

(Kanton Zürich), in: Zs. für Schweiz. Archäologie und Kunstgeschichte 41 (1984), S. 10-21.

Werner Fechter: Deutsche Handschriften des 15. und 16. Jahrhunderts aus der Bibliothek des ehemaligen Augustinerchorfrauenstifts Inzigkofen (Arbeiten zur Landeskunde Hohenzollerns, Bd. 15), Sigmaringen 1997.

Joachim Fischer: Das Klosteramt Bebenhausen nach der Reformation. In: Setzler/Quarthal 1995, S. 147-177.

Magda Fischer: Die Handschriften der Württembergischen Landesbibliothek Stuttgart, 2. Reihe 5. Bd., Wiesbaden 1975.

Annemarie Fricker: Das sog. Bebenhauser Legendar, unveröff. Zulassungsarbeit Freiburg 1978.

Francoise Gatouillat: in: Les vitraux de Lorraine et d'Alsace (Corpus Vitrearum France - Recensement V), Paris 1994, S. 133-309.

Roberta Gilchrist / Harold Mytum (Hrsg.): Advances in Monastic Archaeology (British Archaeological Reports, British Series 227), Oxford 1993.

Wilhelm Gmelin: Collectanea Bebenhusana, Herzog August Bibliothek Wolfenbüttel, Cod. Guelf. 134.

Eberhard Gohl: Handschriften, Drucke und Einbände aus Bebenhausen, in: Zeitschrift für Württembergische Landesgeschichte 49 (1990), S. 143-167.

J. Patrick Greene: Medieval Monasteries. The Archaeology of Medieval Britain. London/New York 1992.

Klaus Grewe u.a.: Die Wasserversorgung im Mittelalter. Geschichte der Wasserversorgung 4, Mainz 1991.

Uwe Gross: Mittelalterliche Keramikentwicklung zwischen Neckarmündung und Schwäbischer Alb (Forschungen und Berichte der Archäologie des Mittelalters in Baden-Württemberg 12), Stuttgart 1991.

Katalyn H. Gyürky: Das mittelalterliche Dominikanerkloster in Buda. 1981, S. 96ff.

Bernhard D. Haage: Das gereimte Pestregimen des Cod. Sang 1164 und seine Sippe (Württ. medizin. Forschung, Bd. 8), Pattensen 1977.

Bernhard D. Haage: Handschriftenfunde und Nachträge zum Pestgedicht des Hans Andree, in: Sudhoff Archiv 63 (1979), S. 392-406.

Konrad Hecht: „Calefactorium", in: Reallexikon zur deutschen Kunstgeschichte 3, 1954, Sp. 308ff.

Felix Heinzer: Buchkultur und Bibliotheksgeschichte Hirsaus, in: Hirsau St. Peter und Paul 1091-1991 (Forschungen und Berichte der Archäologie des Mittelalters in Baden-Württemberg 10/2), Stuttgart 1991, S. 259-296.

Daniel Hess: „Modespiel" der Neugotik oder Denkmal der Vergangenheit? Die Glasmalereisammlung in Erbach und ihr Kontext, in: Zs. des Deutschen Vereins für Kunstwissenschaft 49/50 (1995/96), S. 227-248.

Hans Hirschfeld: Zisterzienserkloster Pforte, o.O. 1934.

Gabriele Isenberg / Hans-Werner Peine / Matthias Wemhoff: Westfälische Klöster und Stifte, in: Archäologie in Deutschland 1994, S. 22-37.

Ewald Jammers: Die Salemer Handschriften-Sammlung, in: Bibliotheca Docet. Festgabe für Carl Wehmer, Amsterdam 1963, S. 45-64.

Hans Jänichen: Zur Geschichte des Schönbuchs, in: Hermann Grees (Hrsg.), Der Schönbuch. Beiträge zu seiner landeskundlichen Erforschung (Veröffentlichungen des Alemannischen Instituts Freiburg, Bd. 27), Bühl 1969, S. 49-64.

Johann von Kalmar: Pfeilspitzen als Würdezeichen, in: Zeitschrift für Historische Waffenkunde NF 6 (1937/39), S. 218-211.

Howard Kaminsky: Aeneas among the Taborites, in: Church History 28 (1959), S. 281-300.

Terryl N. Kinder: L'abbaye cistercienne, in: Saint Bernard et le monde cistercien. Ausstellungskatalog Paris 1990, S. 77-94.

Michael Klein: Die Handschriften der Sammlung J1 im Hauptstaatsarchiv Stuttgart, Stuttgart 1980.

Karl Klunzinger: Beschreibung der vormaligen Cisterziener-Abtei Bebenhausen, Stuttgart 1852.

Ulrich Knapp: Das Kloster Maulbronn. Geschichte und Baugeschichte, Stuttgart 1997.

Mathias Köhler: Die Bau- und Kunstgeschichte des ehemaligen Zisterzienserklosters Bebenhausen bei Tübingen. Der Klausurbereich (Veröffentlichungen der Kommission für geschichtliche Landeskunde in Baden-Württemberg, Reihe B, Bd. 124), Stuttgart 1995.

Christoph Kolb: Die alte Konsistorialbibliothek, in: Blätter für württembergische Kirchengeschichte N.F. 25 (1921), S. 187-194.

Günter Kolb: Benediktinische Reform und Klostergebäude, in: Blätter für württembergische Kirchengeschichte 86 (1986), S. 251-298.

Bernard Korzus: Kloster tom Roden. Eine archäologische Entdeckung in Westfalen. Ausstellung des westfälischen Museumsamtes und des westfälischen Museums für Archäologie - Amt für Bodendenkmalpflege. Münster 1982.

Renate Kroos: Vom Umgang mit Reliquien, in: Ornamenta Ecclesiae, Austellungskatalog, hrsg. von Anton Legner, Bd. 3, Köln 1985.

Ingeborg Krummer-Schroth: Glasmalereien aus dem Freiburger Münster, 2. Aufl. Freiburg i. Br. 1978.

Konrad Kunze: Das sog. Bebenhauser Legendar, in: Die deutsche Literatur des Mittelalters. Verfasserlexikon, Bd. 1, Berlin 1978, S. 651-653.

Peter Kurmann: Zur Grabfigur des hl. Konrad und zu den hochgotischen Nebenbauten des Konstanzer Münsters, in: Freiburger Diözesanarchiv 95 (1975), S. 321-351.

Oskar Kurz: Hirrlingen, Stuttgart 1951.

Ernst Kyriß: Verzierte gotische Einbände im alten deutschen Sprachgebiet, Textband und Tafelband 3, Stuttgart 1954.

Lexikon der christlichen Ikonographie, hrsg. von Engelbert Kirschbaum, Bd. 8, Rom 1976.

Brigitte Lymant: Die mittelalterlichen Glasmalereien der ehemaligen Zisterzienserkirche Altenberg, Bergisch Gladbach 1979.

Heinrich Magirius: Die Baugeschichte des Klosters Altzella, Berlin 1962.

Ernst Friedrich Majer-Kym: Die Bauten der Cistercienser-Abtei Tennenbach, in: Oberrheinische Kunst 2 (1926/27), S. 87-116.

Emil Maurer: Das Kloster Königsfelden (Die Kunstdenkmäler der Schweiz, Kanton Aargau III), Basel 1954.

Dieter Meyer: Warmluftheizungen des Mittelalters. Befunde aus Lübeck im europäischen Vergleich, in: Lübecker Schriften zur Archäologie und Kulturgeschichte 16 (1989), S. 209-232.

Jürgen Michler: Bebenhausen, 1335: Das monumentale Prachtfenster im Chor der Klosterkirche – Zeugnis eines monumentalen Umbruchs, in: Denkmalpflege in Baden-Württemberg 1 (1997), S. 11-16.

Jürgen Michler: Bebenhausen, 1407-1409: Der Glockenturm der Klosterkirche, in: Denkmalpflege in Baden-Württemberg 3 (1997), S. 83-88.

Jürgen Michler: Die ursprüngliche Chorform der Zisterzienserkirche in Salem, in: Zeitschrift für Kunstgeschichte 47 (1984), S. 3-46.

Christoph Morrissey: Die vor- und frühgeschichtliche Besiedlung des Schönbuchs, Diss. Tübingen 1995.

Otto Mühlmann: Die Jenaer Hypokaust-Anlage, in: Forschungen und Fortschritte 32 (1958), S. 300ff.

Max Müller: Johann Albrecht Widmannstetter, Bamberg 1908.

Eugen Neuscheler: Die Klostergrundherrschaft Bebenhausen. In: Württembergische Jahrbücher für Statistik und Landeskunde 1928, S. 115-185.

Helmut Nickel: Ceremonial Arrowheads from Bohemia, in: Metropolitan Museum Journal 1 (1968), S. 61-93.

Helmut Nickel: Böhmische Prunkpfeilspitzen, in: Acta Musei Nationalis Pragae, Ser. A. 23 (1969), S. 102-163.

Helmut Nickel: Addenda, in: Metropolitan Museum Journal 4 (1971), S. 179-181.

Helmut Nickel: Ceremonial Arrowhead, in: The Metropolitan Museum of Art, Recent Acquisitions: A Selection 1987-88, New York 1989, S. 23.

Eberhard Nikitsch: Ein Kirchenbau zwischen Bischof und Stadtgemeinde. Zur angeblich verlorenen Bauinschrift von 1308 in der Liebfrauenkirche zu Oberwesel am Rhein, in: Jahrbuch für westdeutsche Landesgeschichte 22 (1996), S. 95-112.

Franz Palacky: Geschichte von Böhmen, Bd. 3, Prag 1845.

Franz Palacky: Würdigung der alten böhmischen Geschichtsschreiber, Neudruck der Ausgabe von 1869, Osnabrück 1969.

Frank Palmowsky: Eine Steinofen-Luftheizung im Augustinerkloster von Erfurt, in: Alt-Thüringen 21 (1986), S. 268ff.

Ludwig Pastor: Geschichte der Päpste im Zeitalter der Renaissance, Bd. I, 11. Aufl. Freiburg 1931.

Eduard Paulus: Die Cistercienser - Abtei Bebenhausen, hrsg. vom Württembergischen Alterthums-Verein, Stuttgart 1887.

Erich Petzet: Die deutschen Pergamenthandschriften der Bayerischen Staatsbibliothek, München 1920.

Léon Pressouyre (Dir.): L'espace cistercien (Memoires de la Section d'archéologie et d'histoire de l'art 5), Paris 1994.

Léon Pressouyre / Paul Benoit: L'hydraulique monastique. Milieuxw réseaux, usages, Grâne 1996.

Ivo Rauch: Memoria und Macht. Die mittelalterlichen Glasmalereien der Oppenheimer Katharinenkirche und ihre Stifter (Quellen und Abhandlungen zur mittelrheinischen Kirchengeschichte 81), Mainz 1997.

Roland Recht: L'alsace gotique de 1300 à 1365, Colmar 1974.

Regula Benedicti. Die Benediktusregel lateinisch/deutsch. Herausgegeben im Auftrag der Salzburger Äbtekonferenz, Beuron 1992.

Christa Richter: The Cistercian Stained Glass of Doberan, in: Cistercian Art and Architecture 4 (1993), S. 161-183, 280-316.

Herbert Rode: Die mittelalterlichen Glasmalereien des Kölner Domes (CVMA Deutschland IV, 1), Berlin 1974.

Werner Rösener: Grundzüge der Wirtschaftsgeschichte des Zisterzienserklosters Bebenhausen. In: Setzler/Quarthal 1995, S. 80-104.

Meinrad Schaab: Karte X, 1: Geleitstraßen im Raum Worms - Würzburg - Straßburg - Ulm. Beiwort, in: Historischer Atlas von Baden-Württemberg: Erläuterungen, hrsg. von der Kommission für Geschichtliche Landeskunde in Baden-Württemberg, Stuttgart 1972.

Hartmut Schäfer: Eine mittelalterliche Heizanlage im Dominikanerkloster in Esslingen, in: Archäologische Ausgrabungen in Baden-Württemberg 1987, S. 196ff.

Winfried Schenk: Zur Raumwirtschaft einer Heilsidee. Eine Forschungs- und Literaturübersicht zu historisch-geographischen Fragestellungen der Zisterzienserforschung, in: Siedlungsforschung 7 (1989), S. 249-262.

Winfried Schich: Die Wirtschaftstätigkeit der Zisterzienser im Mittelalter: Handel und Gewerbe, in: Die Zisterzienser. Ordensleben zwischen Ideal und Wirklichkeit, Ausstellungskatalog Köln 1980, S. 217-236.

Corine Schleif: Donatio et Memoria. Stifter, Stiftungen und Motivationen an Beispielen aus der Lorenzkirche in Nürnberg, München 1990.

Josef Schmid: Schöne Miniaturen aus Handschriften der Kantonsbibliothek Luzern, Luzern 1941.

Ludwig Schmid: Geschichte der Pfalzgrafen von Tübingen nach meist ungedruckten Quellen nebst Urkundenbuch, Tübingen 1853.

Ambrosius Schneider u.a.: Die Cistercienser. Geschichte, Geist, Kunst, 2. Aufl. Köln 1977.

Karin Schneider: Die deutschen Handschriften der Bayerischen Staatsbibliothek München, Cgm 201-350, Wiesbaden 1970.

Reinhard Schneider: Studium der Zisterzienser mit besonderer Berücksichtigung des südwestdeutschen Raumes, in: Rottenburger Jahrbuch für Kirchengeschichte 4 (1985), S. 103-117.

Theodor Schön: Geschichte der Familie von Ow, o. O. 1910.

Barbara Scholkmann: Archäologische Ausgrabungen im ehemaligen Zisterzienserkloster Bebenhausen, Stadt Tübingen, in: Archäologische Ausgrabungen in Baden-Württemberg 1990, S. 283-288.

Barbara Scholkmann: Archäologische Ergebnisse zur vorklosterzeitlichen Besiedlung in Bebenhausen - Ein Vorbericht, in: Der Sülchgau 36 (1992), S. 11-35.

Barbara Scholkmann: Archäologische Forschungen im ehemaligen Zisterzienserkloster Bebenhausen, in: Setzler/Quarthal 1995, S. 42-79.

Barbara Scholkmann: Die Heizanlage unter dem Parlatorium im Kloster Bebenhausen, in: Denkmalpflege in Baden-Württemberg 17 (1988), S. 164-168.

Barbara Scholkmann: Die Heizanlage unter dem Parlatorium in Bebenhausen. Ein Beitrag der Mittelalterarchäologie zur Geschichte des ehemaligen Zisterzienserklosters, in: Der Sülchgau 31

(1987), S. 7-22.

Barbara Scholkmann: Ein neuentdeckter Sitz der Pfalzgrafen von Tübingen. Ergebnisse zur vorklosterzeitlichen Besiedlung des ehemaligen Zisterzienserklosters Bebenhausen. Ein Vorbericht, in: Château Gaillard XV (1992), S. 295-317.

Barbara Scholkmann: Eine Glashütte des Klosters Bebenhausen im Schönbuch, in: Archäologische Ausgrabungen in Baden-Württemberg 1992, S. 387-393.

Barbara Scholkmann: Eine Unterbodenheizung im ehemaligen Kloster Bebenhausen, Stadt Tübingen, in: Archäologische Ausgrabungen in Baden-Württemberg 1987, S. 200-203.

Barbara Scholkmann: Erste Ergebnisse einer archäologischen Rettungsgrabung im ehemaligen Zisterzienserkloster Bebenhausen, Stadt Tübingen, in: Archäologische Ausgrabungen in Baden-Württemberg 1986, S. 216-217.

Barbara Scholkmann: Erzherzogin Anna von Österreich auf einer Ofenkachel im Kloster Bebenhausen, Stadt Tübingen, in: Archäologische Ausgrabungen in Baden-Württemberg 1989, S. 267-274.

Barbara Scholkmann: Kloster Bebenhausen, Stadt Tübingen, Grabung 1988 - Ergebnisse und neue Fragestellungen, in: Archäologische Ausgrabungen in Baden-Württemberg 1988, S. 257-261.

Barbara Scholkmann: Spätmittelalterliche Glasproduktion: Ofentechnologie und Herstellungsprozesse in der Hütte im Schönbuch bei Bebenhausen, Kreis Tübingen, in: Archäologische Ausgrabungen in Baden-Württemberg 1994, S. 349-355.

Barbara Scholkmann: Spirituelle und materielle Realität. Überlegungen zu Standortvoraussetzungen und Determinanten der Platzwahl monastischer Anlagen am Beispiel des Zisterzienserklosters Bebenhausen, in: Beiträge zur Mittelalterarchäologie in Österreich 12 (1996), S. 151-168.

Barbara Scholkmann: Waldglasherstellung in Mittelalter und Früher Neuzeit, in: Freudenstädter Beiträge zur Geschichtlichen Landeskunde zwischen Neckar, Murg und Kinzig 10/1997. Erstes Nordschwarzwald-Symposion: Siedlungsgeschichte und Waldnutzungsformen (Veröffentlichungen des Alemannischen Instituts, Bd. 64), Freudenstadt 1997, S. 113-136.

Klaus Scholkmann: Rekonstruktionsversuch der Klosteranlage Bebenhausen um 1534, in: Setzler/Quarthal 1995, S. 214-241.

Klaus Schreiner: Württembergische Bibliotheksverluste im Dreißigjährigen Krieg, in: Archiv für Geschichte des Buchwesens 14 (1974), Sp. 655-1028.

Ulrich Schröder: Architektur der Zisterzienser, in:

Die Zisterzienser. Ordensleben zwischen Ideal und Wirklichkeit. Ausstellungskatalog Köln 1980, S. 311-344.

Marc Carel Schurr: Die Esslinger Frauenkirche – Form und Funktion im Mittelalter, in: Esslinger Studien, Bd. 18, Publikation für 1998 vorgesehen.

Bernhard Schütz: Die Katharinenkirche in Oppenheim, Berlin/New York 1982.

Ursula Schwitalla: Varietas pavimentorum. Die mittelalterlichen ornamentierten Bodenfliesen der ehemaligen Zisterzienserabtei Bebenhausen (Beiträge zur Tübinger Geschichte, Bd. 10), Stuttgart/ Tübingen 1998. (Diss. Tübingen 1995)

Wilfried Setzler und Franz Quarthal (Hrsg.): Das Zisterzienserkloster Bebenhausen – Beiträge zur Archäologie, Geschichte und Architektur (Beiträge zu Tübinger Geschichte, Bd. 6), Stuttgart 1995.

Wilfried Setzler: „ein solcher Schatz, so in ganzer teutscher Nation nit befunden werde“. Die Klosterschule Bebenhausen 1556 bis 1807. In: Setzler/Quarthal 1995, S. 178-192.

Wilfried Setzler: Kloster Zwiefalten. Eine schwäbische Benediktinerabtei zwischen Reichsfreiheit und Landsässigkeit, Sigmaringen 1979.

Günter Stegmaier: Die Zisterzienserabtei Bebenhausen zwischen Reichsunmittelbarkeit und Landsässigkeit bis zu ihrer Reformation 1535 (1560). Diss. Freiburg 1983.

Dieter Stievermann: Bebenhausen in der Kirchen- und Klosterpolitik des Hauses Württemberg, in: Setzler/Quarthal 1995, S. 131-146.

Eberhard Stievermann: Die gelehrten Juristen der Herrschaft Württemberg im 15. Jahrhundert, in: Roman Schnur (Hrsg.), Die Rolle der Juristen bei der Entstehung des modernen Staates. Berlin 1986, S. 228-271.

Rudolf M. Graf von Stillfried-Alcantara: Kloster Heilsbronn. Ein Beitrag zu den Hohenzollerischen Forschungen, Berlin 1877.

Gerhard Streich: Burg und Kirche während des deutschen Mittelalters. Vorträge und Forschungen, Sonderband 29, Stuttgart 1984.

B. Stümpel: Grabungen auf dem Gelände des ehemaligen Klosters St. Johann in Alzey, in: Alzeyer Geschichtsblätter 4 (1967), S. 44-56.

Jürgen Sydow: Die Anfänge von Bebenhausen und Marchtal. Zur Gründungsgeschichte von Hausklöstern der Tübinger Pfalzgrafen im 12. Jahrhundert, in: Tübinger Blätter 63 (1976), S. 2-7.

Jürgen Sydow: Die Zisterzienserabtei Bebenhausen (Germania Sacra NF 16: Die Bistümer der Kirchenprovinz Mainz: Das Bistum Konstanz, Bd. 2), Berlin/New York 1984.

Jürgen Sydow: Einzuglisten des Gemeinen Pfennigs aus den Dörfern des Klosters Bebenhausen, in: Der Sülchgau 13 (1969), S. 35-49.

Jürgen Sydow: Probleme der Geschichte Bebenhausens, in: Setzler/Quarthal 1995, S. 23-41.

Jürg Tauber: Herd und Ofen im Mittelalter. Untersuchungen zur Kulturgeschichte am archäologischen Material vornehmlich der Nordwestschweiz (9.-14. Jahrhundert), Olten 1980.

Bernd Thier: Besitzermarken auf spätmittelalterlicher und neuzeitlicher Keramik, in: Zur Regionalität der Keramik des Mittelalters und der Neuzeit. Beiträge des 26. Internationalen Hafnerei-Symposiums, Soest 5. 10. - 9. 10. 1993. Denkmalpflege und Forschung in Westfalen 32 (1995), S. 167-185.

Friedrich August von Tscherning: Kollektaneen zur Geschichte des Klosters Bebenhausen (Nachlaß Tscherning zwischen 1870-1891). Universitätsbibliothek Tübingen, °Mh 888.

Friedrich August von Tscherning: Notiz zum Besitzstand Michael Schwarzenberger, in: Staatsanzeiger für Württemberg 1877, Nr. 166, S. 1161.

Matthias Untermann: Die Grabungen auf der Burg Berge (Mons) - Altenberg (Gem. Odenthal, Rheinisch-Bergischer Kreis), in: Beiträge zur Archäologie des Mittelalters III (= Rheinische Ausgrabungen 25), Köln 1984, S. 1-170.

Matthias Untermann: Kloster Mariental in Steinheim an der Murr - Römisches Bad, Grafenhof, Kloster (Führer zu archäologischen Denkmälern in Baden-Württemberg 13), Stuttgart 1991.

Matthias Untermann: Les fouilles cisterciennes en Allemagne de l'Ouest. Bilan national, im Druck.

András Vizkelety: Beschreibendes Verzeichnis der Altdeutschen Handschriften in ungarischen Bibliotheken, Wiesbaden 1973.

Georg Voigt: Enea Silvio Piccolomini als Papst Pius II und sein Zeitalter, Bd. 3, Berlin 1863.

Von der Ordnung der Welt. Mittelalterliche Glasmalereien aus Esslinger Kirchen, bearbeitet von Rüdiger Becksmann, Katalogbuch zur Ausstellung in der Franziskanerkirche, 2. Aufl. Esslingen 1997.

Hans Wentzel: Die Glasmalereien in Schwaben von 1200-1350 (CVMA Deutschland I, 1), Berlin 1958.

Hans Wentzel: Ein Meisterwerk hochgotischer Glasmalerei auf Schloß Lichtenstein, in: Pantheon 16 (1943), S. 121-126.

Hans Wentzel: Meisterwerke der Glasmalerei, 2 Aufl. Berlin 1954.

Alfons Zettler: Die frühen Klosterbauten der Reichenau (Archäologie und Geschichte 3), Sigmaringen 1988, S. 196-249.

Abbildungsnachweis

Wilfried Setzler,
Die Geschichte des Klosters Bebenhausen

Bar-sur-Aube, Bibliothèque municipale: 2
Hauptstaatsarchiv Stuttgart: 4-7, 10, 13, 14, 20
Landesdenkmalamt Baden-Württemberg,
Außenstelle Tübingen: 3, 16
Peter Neumann, Ammerbuch: 11, 15, 21
Schnütgen-Museum Köln: 18, 19
Schwitalla: 23
Setzler/Quarthal: 9
Staatsgalerie Stuttgart: 22
Stadtmuseum Tübingen: 12, 17, 25
Sydow 1985: 8
Württembergische Landesbibliothek: 24
Württembergisches Landesmuseum: 1

Barbara Scholkmann u. Jochen Pfrommer,
Kloster und Archäologie

H. Jensen, Institut für Ur- und Frühgeschichte
und Archäologie des Mittelalters der Universi-
tät Tübingen: 17-35
Landesdenkmalamt Baden-Württemberg,
Außenstelle Tübingen: 1-16

Marc Carel Schurr, Zur Baugeschichte
des Klosters Bebenhausen

Germanisches Nationalmuseum Nürnberg: 1
Hauptstaatsarchiv Stuttgart: 13
Landesbildstelle Baden: 2, 14
Ursula Schwitalla: 12
Alle übrigen Abbildungen stammen vom
Verfasser.

Ursula Schwitalla,
Zur Geschichte der Klosterbibliothek

Bayrische Staatsbibliothek München: 11, 13
Germanisches Nationalmuseum: 2
Universitätsbibliothek Heidelberg: 6, 7
Universitätsbibliothek Tübingen: 12
Württembergische Landesbibliothek: 3, 8-10
Ursula Schwitalla: 1, 5
Studio K, Colmar: 4

Rüdiger Becksmann,
Die Heilsgeschichte in Maßwerk gesetzt

Akademie der Wissenschaften und der Literatur
Mainz: Corpus Vitrearum Medii Aevi Deutsch-
land, Freiburg i. Br.: 2 (Repro nach Paulus,
1887), 3 (R. Toussaint), 4f., 15-19 (R. Wohl-
rabe), 6 (J. Mutter), 8f., 12, 13f. (Archiv)
Bildarchiv Foto Marburg: 7
Landesbildstelle Württemberg, Stuttgart: 10
Staatsgalerie Stuttgart: 11
Landesdenkmalamt Baden-Württemberg,
Außenstelle Tübingen: 1

Ursula Schwitalla, Der Sebastianspfeil

Badisches Landesmuseum Karlsruhe: 10
Bayerisches National-Museum, München: 3
Germanisches Nationalmuseum Nürnberg: 9
Hauptstaatsarchiv Stuttgart: 12
Karl Gruenbauer: 11
Landesbildstelle Baden: 14
Materialprüfanstalt, Universität Stuttgart: 2
Metropolitan Museum of Art, New York: 7
Nickel 1969: 6
RODRUN/Knöll: 4, 5, 13
Ursula Schwitalla: 1, 8 (Zeichnung)
Staatliche Museen Kassel: 15
Universitätsbibliothek Tübingen: 16

Die Bilderläuterungen wurden verfaßt von
Stefanie Knöll (S.K.).